云南省哲学社会科学创新团队成果文库

基于量化评价的产业技术创新体系研究
——以云南为例

Research on Industrial Technology
Innovation System Based on Quantitative Evaluation
—The Case Study of Yunnan Province

许传坤 著

社会科学文献出版社
SOCIAL SCIENCES ACADEMIC PRESS(CHINA)

《云南省哲学社会科学创新团队成果文库》
编委会

主 任 委 员：张瑞才

副主任委员：江　克　余炳武　戴世平　宋月华

委　　　员：李　春　阮凤平　陈　勇　王志勇
　　　　　　蒋亚兵　吴绍斌　卜金荣

主　　　编：张瑞才

编　　　辑：卢　桦　金丽霞　袁卫华

《云南省哲学社会科学创新团队成果文库》编辑说明

《云南省哲学社会科学创新团队成果文库》是云南省哲学社会科学创新团队建设中的一个重要项目。编辑出版《云南省哲学社会科学创新团队成果文库》是落实中央、省委关于加强中国特色新型智库建设意见，充分发挥哲学社会科学优秀成果的示范引领作用，为推进哲学社会科学学科体系、学术观点和科研方法创新，为繁荣发展哲学社会科学服务。

云南省哲学社会科学创新团队 2011 年开始立项建设，在整合研究力量和出人才、出成果方面成效显著，产生了一批有学术分量的基础理论研究和应用研究成果，2016 年云南省社会科学界联合会决定组织编辑出版《云南省哲学社会科学创新团队成果文库》。

《云南省哲学社会科学创新团队成果文库》从 2016 年开始编辑出版，拟用 5 年时间集中推出 100 本云南省哲学社会科学创新团队研究成果。云南省社科联高度重视此项工作，专门成立了评审委员会，遵循科学、公平、公正、公开的原则，对申报的项目进行了资格审查、初评、终评的遴选工作，按照"坚持正确导向，充分体现马克思主义的立场、观点、方法；具有原创性、开拓性、前沿性，对推动经济社会发展和学科建设意义重大；符合学术规范，学风严谨、文风朴实"的标准，遴选出一批创新团队的优秀成果，根据"统一标识、统一封面、统一版式、统一标准"的总体要求，组织出版，以达到整理、总结、展示、交流，推动学术研究，促进云南社会科学学术建设与繁荣发展的目的。

编委会

2017 年 6 月

前　言

  作为创新驱动战略和产业技术创新体系的主要组成部分，云南省的工程研究中心/工程实验室自建设和运行10年来，对于解决产业发展中的重大关键技术与装备瓶颈问题，推动云南省传统产业转型升级、优势特色产业发展壮大、战略性新兴产业培育发展、支撑和推动经济和社会持续健康发展，发挥了重要作用。本书在对国家创新体系历史沿革进行系统梳理的基础上，以云南省为案例，基于所建立的产业技术创新平台建设和运行情况评价体系，对云南省的78家工程研究中心/工程实验室进行了实际评价，系统总结了平台建设取得的突出成效和运行当中存在的问题；深入剖析了表现优异的工程研究中心/工程实验室的典型案例；结合产业发展态势和云南省重点产业发展需求，基于创新驱动战略和高质量发展需要，提出了今后推进产业技术创新平台建设、优化平台布局、强化平台管理、营造创新环境的有效对策。

  本书兼具理论价值和实践意义，可供高校、科研院所、企事业单位、政府部门等相关研究人员和管理人员阅读，也可为社会各界关注创新驱动战略实施和产业技术创新体系构建的有识之士提供参考。

  本书的出版得到了云南省社科联"2019年度云南省哲学社会科学创新团队成果文库"的资助。作者在研究过程中得到了云南省发展改革委和省财政厅以及相关高校、科研机构、科技企业的大力支持，得到了创新团队同仁的无私帮助，在此一并表示衷心感谢！

  由于作者的水平有限，书中不妥之处，敬请广大读者批评指正。

目 录

第一章 产业技术创新体系的历史沿革 …………………………… 001
  一 产业技术创新体系的内涵与特征 ……………………… 002
  二 产业技术创新在创新驱动战略中的地位和作用 ……… 014
  三 产业技术创新体系的建设和发展历程 ………………… 020

第二章 推动产业技术创新体系建设的政策梳理 ……………… 028
  一 国家政策 …………………………………………………… 028
  二 云南省相关政策 …………………………………………… 035

第三章 产业技术创新平台的评价指标和评价方法 …………… 039
  一 评价核查目的 ……………………………………………… 039
  二 评价核查的意义 …………………………………………… 040
  三 评价设计的理论基础 ……………………………………… 041
  四 评价核查的对象和范围 …………………………………… 045
  五 评价的内容和指标 ………………………………………… 046
  六 评价核查过程 ……………………………………………… 048

第四章 云南产业技术创新平台建设和运行情况的评价 ……… 051
  一 总体态势良好 ……………………………………………… 051

二　发展层次逐步拉开 …………………………………………… 051
　　三　生物、材料和节能环保领域的平台表现突出 ……………… 058
　　四　创新平台的条件与能力建设情况 …………………………… 059
　　五　创新平台成果与贡献情况 …………………………………… 063
　　六　推动产业技术创新发展的明显成效 ………………………… 080
　　七　平台建设运行中存在的问题 ………………………………… 100
　　八　评价核查结果的应用 ………………………………………… 106

第五章　产业技术创新平台典型案例和模式分析 ………………… 113
　　一　典型案例 ……………………………………………………… 113
　　二　模式分析 ……………………………………………………… 130

第六章　促进产业技术创新体系建立健全的对策 ………………… 139
　　一　更新观念、深化对创新驱动内涵的认识 …………………… 139
　　二　准确把握云南省重点产业培育和产业技术突破的方向 …… 143
　　三　健全创新平台的管理体制机制 ……………………………… 160
　　四　编制创新体系可持续发展规划 ……………………………… 163
　　五　优化平台布局，补齐发展短板 ……………………………… 166
　　六　构建融入数字经济框架的产业技术创新信息化平台 ……… 171
　　七　加强产业技术研究成果的转化 ……………………………… 173
　　八　探索形成体现增加知识价值的收入分配体系 ……………… 174
　　九　强化平台间的研发协同和产业联动 ………………………… 175
　　十　建立有利于创新驱动的宏观环境 …………………………… 177

参考文献 ………………………………………………………………… 179

附　录 …………………………………………………………………… 182

第一章

产业技术创新体系的历史沿革

当今世界，全球新一轮科技革命和产业变革蓄势待发。科学技术全方位向纵深演进，学科多点突破、交叉融合趋势日益明显。物质结构、宇宙演化、生命起源、意识本质等一些重大科学问题的原创性突破正在开辟新前沿和新方向，信息网络、人工智能、生物技术、清洁能源、新材料、先进制造等领域呈现群体跃进态势，颠覆性技术不断涌现，催生新经济、新产业、新业态、新模式，对人类的生产方式、生活方式乃至思维方式将产生前所未有的深刻影响。科技创新在应对人类共同挑战、实现可持续发展中发挥着日益重要的作用。全球创新版图正在加速重构，创新多极化趋势日益明显，科技创新成为各国实现经济再平衡、打造国家竞争新优势的核心，而这也深刻影响和改变着国家力量对比，重塑世界经济结构和国际竞争格局。

科技实力决定着世界力量的对比。新经济增长理论认为技术进步是经济增长的引擎，而创新是技术进步的源泉。党的十八大以来，科技创新成为以习近平同志为核心的党中央治国理政的核心理念之一。"创新驱动"这个崭新的词汇已经成为中国发展的核心战略。党的十九大进一步明确了"创新是引领发展的第一动力，是建设现代化经济体系的战略支撑"，强调要加快建设创新型国家的步伐。2017年6月，世界知识产权组织和康奈尔大学等机构联合发布的《2017年全球创新指数》（GII）

显示，中国创新排名持续攀升，成为唯一与发达国家经济体创新差距不断缩小的中等收入国家；国内市场体量、知识型员工、原创专利、高技术出口和原创工业设计等指标位列世界第一。中国已成功跻身全球创新领导者行列。[①]

2016年5月，中共中央、国务院印发的《国家创新驱动发展战略纲要》中提出，"要按照'坚持双轮驱动、构建一个体系、推动六大转变'进行布局，构建新的发展动力系统"，"推动产业技术体系创新，创造发展新优势"。

当前，我国经济已由高速增长阶段转向高质量发展阶段，正处在转变发展方式、优化经济结构、转换增长动力的攻关期。科技创新是引领高质量发展的核心驱动力，为高质量发展提供了新的成长空间、关键的着力点和主要的支撑体系。过去，谈技术创新往往着眼于创新活动，主要从微观主体的角度考虑，如科技人员、企业的技术创新行为，而新时代的技术创新需要把视角从"创新活动"层面提升到"创新体系"层面来考虑。[②] 作为创新驱动战略的重要组成部分，产业技术创新体系是解决产业发展中关键技术和共性技术有效供给的重要手段，在推进我国构建具有国际竞争力的现代产业技术体系、促进传统产业转型升级和战略性新兴产业培育发展等方面，发挥了不可替代的重要作用。

一 产业技术创新体系的内涵与特征

1912年，奥地利政治经济学家熊彼特在《经济发展理论——对于利润、资本、信贷、利息和经济周期的考察》（*Theory of Economic Development*）一书中第一次从经济学角度系统地提出了创新概念，其创新理

---

① 杨舒：《科技创新驱动中国巨轮》，《光明日报》2017年10月9日。
② 徐宁：《以系统思维构建新时代技术创新体系》，《经济日报》2018年7月26日。

论的最大特色就是强调生产技术的创新和生产方式的变革对经济发展的重大作用。熊彼特的"创新"包括了开发新产品、采用新工艺、利用新资源、开拓新市场、确立新的生产组织与管理方式五个方面。① 1974年，弗里德曼在熊彼特创新理论的基础上，进一步提出了创新不仅包括技术创新，还包括组织、管理等方面的创新，而且这些创新之间存在大量的相互依存关系。② 1987年，英国学者弗里曼率先使用了"国家创新系统"（National Innovation System）的概念。

按照我国的官方界定，科技创新包括了原始创新、集成创新和引进消化吸收再创新三个层面。作为科技创新的三个有机组成部分，原始创新偏重于基础研究和应用基础研究，主要是新发现、新原理、新方法、新规律，具有重大原创性和科学价值，对于解决经济社会发展和国家安全重大需求中的关键科学问题、支撑技术和产品开发具有重要意义，是科技创新的初始动力源泉；集成创新是指围绕特定市场需求的重大战略产品，促进各种相关技术的有机融合，实现关键技术的突破；引进消化吸收再创新偏重于应用研究和产业化，是在别人的原始创新成果的基础上进行再创新，使自己的创新能力借势成长，核心是所突破的新技术、新方法、新产品、关键部件等的创新性、成熟度、稳定性、可靠性，突出成果转化应用情况及其在解决经济社会发展关键问题、支撑引领行业产业发展中发挥的作用。柳卸林和张爱国在研究中系统梳理了这几类创新活动，提出原始创新是指通过获得更多的科学发现和发明而实现的创新，它的出现可以引发出一个新产业，改变一个产业的发展模式。③

不同于科技创新的广义概念，技术创新主要指生产技术的创新，既包括开发新技术，也包括将已有的技术进行应用创新。

进入21世纪，在信息技术的推动下，科学界对技术创新提出了新

---

① 李庆东：《技术创新能力评价指标体系与评价方法研究》，《现代情报》2005年第9期。
② 张江雪：《寻找高技术产业自主创新模式发展的新空间》，《中国科技财富》2010年第7期。
③ 柳卸林、张爱国：《自主创新、非技术创新与产业创新体系》，《创新科技》2007年第6期。

的认识，认为创新是各创新主体、创新要素相互交织、相互影响作用下的一种复杂现象，整个创新要素构成了一个创新生态系统，其中技术创新的产出是技术进步与应用创新的创新双螺旋结构共同演进的产物。而创新活动的主体也从过去以大学、科研机构为主，逐步发展成为以企业为主体，大学和科研机构乃至其他社会组织共同组成的创新生态系统。在这个创新生态系统中，不同主体根据其价值取向不同，占据各自的创新"生态位"。

就我国而言，新中国成立以后，计划经济时期创新体系中的平台主要是大学和事业单位性质的科研院所；改革开放以后，邓小平同志提出"科学技术是第一生产力"，把企业推向了科技创新的前沿。在此过程中，科技部、教育部、国家发展改革委等部门相继推动了国家实验室、国家重点实验室、国家工程技术研究中心、国家工程实验室、国家工程研究中心、国家企业技术中心等一系列创新平台的建设和发展。各省、自治区、直辖市也在国家的大力鼓励和倡导下，根据自身特点，逐步建立了省级层面乃至州市级层面的创新平台。随着时代发展的需要，按照不同的研究重点，逐步分化成为"知识创新"和"产业技术创新"两大体系，并在学术界和政府部门中形成共识。刘志春将国家创新体系进一步明确界定为由知识创新体系、技术创新体系、区域创新体系、科技中介服务体系及国防科技创新体系组成。[①]

但在实践中，这些创新平台更多是由各大职能部门根据管理权限和工作需要而创立的，难免在功能定位、发展方向上出现交叉和重叠。平台承担单位从争取获得更多政府政策倾斜、资金项目扶持和提升学术影响力等角度出发，对"戴帽子"和"挂牌子"不遗余力、乐此不疲，部分背离了平台建设的初衷。

---

① 刘志春：《国家创新体系概念、构成及我国建设现状和重点研究》，《科技管理研究》2010年第15期。

从系统层面上看，对于创新体系的建立健全，从事创新理论和创新政策研究的学术界，更多关注的是单个平台的发展或某一行业领域创新活动的开展，很少有系统研究不同管理体系下的创新平台发表的学术论文或专著。基于此，本章节重点对我国产业技术创新体系的构成、特点、内涵、外延、实质、特性、历史沿革等进行了相应的梳理和分类阐述。

(一) 产业技术创新体系的构成与特点

（区域）技术创新体系是由技术创新相关组织（要素）、这些组织（要素）之间的联系及其运行机制和制度构成的网络系统，技术创新的相关组织（要素）直接或间接参与技术创新活动。[①] 大学、科研机构、企业、中介组织和政府都在这个体系中承担着举足轻重的角色。弗里曼认为，技术创新系统是一个企业、大学和科研机构相互嵌入的系统；卡尔森和斯坦基耶维奇则认为，技术创新体系的发展往往与创业、产业集群的出现紧密关联，其中企业是创新系统中最为活跃的子系统。[②]

从改革开放以后我国科技发展走过的风雨历程看，1986年3月，面对世界高技术蓬勃发展、国际竞争日趋激烈的严峻挑战，邓小平同志在王大珩、王淦昌、杨嘉墀和陈芳允4位科学家提出的"关于跟踪研究外国战略性高技术发展的建议"和朱光亚的极力倡导下，做出了"此事宜速作决断，不可拖延"的重要批示，党中央、国务院果断决策，设立了"国家高技术研究发展计划"（863计划）。此后又在高技术领域设立了"国家科技支撑计划"等；在基础研究领域设立了"国家重点基础研究发展计划"（973计划）、"国家重大科学研究计划"、"国家

[①] 吴贵生、王毅、王瑛：《政府在区域技术创新体系建设中的作用——以北京区域技术创新体系为例》，《中国科技论坛》2002年第1期。

[②] 陈云、谢科范：《对我国以企业为主体的技术创新体系的基本判断》，《中国科技论坛》2012年第3期。

自然科学基金"、"国家重大科技专项"等；在技术成果产业化和推广方面设立了"火炬计划"、"星火计划"、"国家重点新产品计划"、"科技型中小企业技术创新基金"、"高技术产业化专项"等。以科研机构、大学和国有企业为主的技术创新体系正在逐步向企业为主体、产学研用结合的复合型创新体系转变。在我国科技创新体系的顶层设计中，国家科技创新基地的总体布局主要包括三个层面：一是以探索自然规律、基础研究知识创新为主的国家重大科技基础设施和国家（重点）实验室；二是以产业技术集成创新、工程技术开发与中试为主的国家工程（技术）研究中心和国家工程实验室；三是以长期性观测试验、成果转化示范为主的国家野外科学观测研究站。随着中国特色社会主义市场经济体制的完善，市场需求驱动下的企业逐步成为产业技术创新的主力军，催生和推动了一次又一次的产业结构调整、产业转型升级、产业梯度转移和新兴产业的发展壮大；科研机构、大学等专业性研究平台也在基础理论创新、应用技术研究、产业技术原始创新和中试验证等方面发挥着巨大作用；科技中介、科技型中小企业则发挥了技术成果孵化转化的桥梁纽带和催化作用。

2006 年,《国家中长期科学和技术发展规划纲要（2006～2020年）》颁布实施，该规划纲要提出将科技创新基地和研发体系建设作为首要任务，加大高水平创新研发基地的建设，这标志着创新型国家建设已开始全面深入推进。2007 年，国家发展改革委、科技部和教育部联合发布了《国家自主创新基础能力建设"十一五"规划》，提出了围绕建设创新型国家的总体目标，系统构建国家创新支撑体系。2013 年,《"十二五"国家自主创新能力建设规划》发布，该规划指出技术创新工程有效推进，以企业为主体的技术创新体系建设取得积极进展。2016 年,《"十三五"国家科技创新规划》提出了构建具有国际竞争力的产业技术体系，加强现代农业、新一代信息技术、智能制造、能源等领域一体化部署，推进颠覆性技术创新，加速引领产业变革。2017 年，

《"十三五"国家科技创新基地与条件保障能力建设专项规划》提出，要落实实施创新驱动发展的战略要求，立足体系建设，着力解决基础研究、技术研发、成果转化的协同创新，着力提升科技基础条件保障能力和科技资源开放共享服务能力，夯实自主创新的物质技术基础。

在此过程中，产业技术创新体系逐步呈现承担主体多元化、研究领域细分化、技术协作模块化、运行机制市场化、成果转化高效化等发展特点，跨部门、跨行业、跨产业的产业协同创新平台和产业技术创新联盟不断涌现，多层次和多结构的复杂"创新生态系统"正在显现，并在信息技术和数字经济的驱动下向更宏大、更复杂的"全球创新圈"演进。

进入新时代，我国的技术和市场环境正在发生着深刻的变革。由国家工程实验室、国家工程研究中心、国家工程技术研究中心和国家企业技术中心共同构成的国家产业技术创新体系不断驱动着中国特色社会主义这艘巨轮向创新型国家和全面建设小康社会前进，为高质量发展提供源源动力。

1. **国家工程实验室**

国家工程实验室是为提高产业自主创新能力和核心竞争力，突破产业结构调整和重点产业发展中的关键技术装备制约，强化对国家重大战略任务、重点工程的技术支撑和保障，依托企业、转制科研机构、科研院所或高校等设立的研究开发实体。其主要任务是开展重点产业核心技术的攻关和关键工艺的试验研究、重大装备样机及其关键部件的研制、高技术产业的产业化技术开发、产业结构优化升级的战略性与前瞻性技术研发，以及研究产业技术标准、培养工程技术创新人才、促进重大科技成果应用、为行业提供技术服务等。目前，国家发展和改革委员会为国家工程实验室的认定和管理部门。

2. **国家工程研究中心**

国家工程研究中心是指国家发展和改革委员会根据建设创新型国家

和产业结构优化升级重大战略需求,以提高自主创新能力、增强产业核心竞争能力和发展后劲为目标,组织具有较强研究开发和综合实力的高校、科研机构、企业等建设的研究开发实体。其宗旨是以国家和行业利益为出发点,通过建立工程化研究、验证的设施和有利于技术创新、成果转化的机制,培育、提高自主创新能力,搭建产业与科研之间的"桥梁",研究开发产业关键共性技术,加快科研成果向现实生产力转化,促进产业技术进步和核心竞争能力的提高。目前,国家发展和改革委员会为国家工程研究中心的认定和管理部门。

3. 国家工程技术研究中心

国家工程技术研究中心是指依托行业、领域科技实力雄厚的重点科研机构、科技型企业或高等院校,拥有国内一流的工程技术研究开发、设计和试验的专业人才队伍,具有较完备的工程技术综合配套试验条件,能够提供多种综合性服务,与相关企业紧密联系,同时具有自我良性循环发展机制的科研开发实体。其宗旨是在建立我国社会主义市场经济体制中探索科技与经济结合的新途径,加强科技成果向生产力转化的中心环节,缩短成果转化的周期;同时,面向企业规模生产的实际需要,提高现有科技成果的成熟性、配套性和工程化水平,加速企业生产技术改造,促进产品更新换代,为企业引进、消化和吸收国外先进技术提供基本技术支撑。目前,科技部为国家工程技术研究中心的认定和管理部门。

4. 国家企业技术中心

国家企业技术中心是指企业根据市场竞争需要设立的技术研发与创新机构,负责制定企业技术创新规划、开展产业技术研发、创造运用知识产权、建立技术标准体系、凝聚培养创新人才、构建协同创新网络、推进技术创新全过程实施。国家企业技术中心是经国家发展和改革委员会认定,并给予政策支持的国家级创新平台,体现的是行业的最高技术水平和研发能力,是推动企业和行业创新能力提升、技术进步的骨干力量。目前，由国家发展和改革委员会牵头开展国家企业技术中心的认定与运行评价。

(二) 产业技术创新体系的内涵与外延

创新不仅是新兴产业发展的关键要素，而且表现出较为明显的连续性、互动性以及系统性。随着经济活动与知识生产日益紧密结合，创新逐步升级为一个体系。[①] 按照我国学者和相关部门的解读，创新体系主要包括知识创新体系、产业技术创新体系和科技中介服务体系。

依据字面通俗理解，产业技术创新是围绕产业技术进步所开展的发明创造活动，而产业技术创新体系则是承载这些创新活动的创新平台的集合，相互间的协同或者竞争关系使其成为一个发散式或网格式系统，并为系统外部的经济社会发展提供源源不断的新技术、新产品、新工艺、新标准、新应用的支持，主要参与者包括企业、科研院所、高校和政府相关部门。但就特定产业或行业而言，从基础研究到基础应用研究、到产业关键技术研发、再到中试放大验证和产品产业化，产业技术创新体系往往又呈现链式特征。如果加入生产性部门和消费性部门，产业技术创新体系则成为一个闭环的"生态系统"，实现"输入"与"输出"的反馈，并能够在不断产生的新需求驱动下自我发展壮大。

根据魏江、王松等学者的归纳，(区域)技术创新体系大多包含了四大方面内涵：一是(区域)技术创新体系需要一定的主体参与，目前讨论较多的有政府主体、企业主体、高校主体、科研院所主体和科技中介主体等；二是(区域)技术创新体系必须依托一定投入资源支撑，大多涉及人才、资金、技术等资源以及公共服务；三是(区域)技术

[①] 李新宁：《创新价值链构建的战略路径与发展逻辑》，《技术经济与管理研究》2018年第1期。

创新体系要在一定对象范围内展开，包含制度创新、管理创新、技术创新等；四是（区域）技术创新体系结果是创新产出的输出，多数为产品创新、产业创新、环境创新和业态创新等。[①]

自主创新能力是一个地区根据经济社会发展的客观要求，有意识地促进科学技术知识的生产、传播和应用，并在此过程中创造财富、实现价值增值的能力。这种能力主要体现在这个地区界定自身技术需求的能力、选择的能力、获取相关科学技术知识的能力、组织协调能力、学习能力、成果转化的能力、推广应用的能力等方面。一个地区的自主创新能力取决于它的科学技术基础设施、人力资源的规模与结构以及科学技术研究水平，同时还取决于其经济发展水平、市场发育程度、要素供给条件以及相关的制度安排。区域经济的主体是产业，国家和地区间经济实力的竞争也主要是产业的竞争。只有不断提升产业的竞争力，才能使区域的竞争力得到提升，而产业竞争力提升的关键是产业技术创新体系的建立健全和产业自主创新能力的全面提升。

另外，产业技术创新体系的创新需求输入和创新成果输出的外部性使其外延不断扩大，独立的研发团队、专业性的研发公司、技术服务公司和咨询机构以及"互联网+创新"的新型创新组织模式也成为产业技术创新体系的重要外延组成部分，并在现实中发挥着越来越重要的作用。

（三）产业技术创新体系的实质与特征

从本质上看，产业技术创新体系是从产业层面对技术创新进行的宏观规划和顶层设计，是一个技术创新各关联要素相互作用的创新网络，是一个与市场经济环境和社会文化环境密切相连的开放系统。在整个系统中，关键是研究开发成果（包括技术、专利、新产品、新工艺、新

[①] 魏江：《产业集群——创新系统与技术学习》，科学出版社，2003。王松、胡树华、牟仁艳：《区域创新体系理论溯源与框架》，《科学学研究》2013 年第 3 期。

标准）的产业化和商业化[①]，即将技术成果转化为现实生产力的过程。在这个过程中，实验室成果在完成小试和中试验证后，通过产业技术创新平台，成倍乃至数倍放大规模，成为可用于规模生产和推广应用的技术（工艺/标准）；与此同时，还会不断产生新技术、新工艺、新规程、新标准等。产业技术创新平台和由这些平台集合所构成的体系与知识创新体系和科技中介服务体系等共同构成了推动我国经济社会进步的创新驱动力。

从管理体制机制、运行模式、方向定位等视角总结，产业技术创新体系具有四个典型特征。

一是主体多元化。构成产业技术创新体系的各个创新平台（国家工程实验室、国家工程研究中心）的承担主体既有企业也有高校和科研院所，或者是其中两者或者是三者共同发起成立专业性研发公司或研究机构（联盟）。政府从有利于贴近市场和实现技术成果快速转化的角度鼓励相关领域的优势科研院所、高校、企业和社会投资机构联合申请建立国家工程实验室和国家工程研究中心。但由于对市场的敏感性和区域产业发展层次的不同，沿海发达地区的产业技术创新平台多以企业为主承担，中西部地区则更多由高校或科研院所牵头，企业配合参与。

二是研究领域细分化。整个体系设计之初就将国家工程实验室明确定位于产业技术自主创新的重要源头，围绕产业结构调整和振兴、战略性新兴产业的培育、重大工程建设等需要，开展重视产业核心技术攻关、关键工艺试验研究、重大装备样机及其关键部件的研制、高技术产业化技术开发、产业结构优化升级的战略性与前瞻性技术研发、研究产业技术标准、工程技术创新人才培养等。国家工程研究中心定位于以市场为导向，把握技术发展趋势，开展具有重要市场价值的重大科技成果的工程化和系统集成；通过市场机制实现技术转移和扩散，持续不断地

---

① 杨春平、刘则渊：《技术创新——国家创新体系的核心》，《科技管理研究》2006 年第 4 期。

为规模化生产提供成熟的先进技术、工艺及其技术产品和装备；通过对引进技术的消化吸收再创新和开展国际合作交流，促进自主创新能力的提高；提供工程技术验证和咨询服务。这种不同于重点实验室的研究定位使产业技术创新体系将行业和产业进行了细分，各个创新平台专注于具体的一个产业技术领域，并在此基础上再进行技术开发、技术应用的纵向延伸和横向拓展。

三是运行机制市场化。这是构建国家创新体系的前提，需要建立有助于创新活动所需的知识、信息、技术、资本、人才等各种创新资源和创新要素自由流动与合理配置的、灵活开放的市场体系及其游戏规则。产业技术创新平台贴近产业发展实际需要的本质，能充分发挥产学研各方优势和积极性，通过市场机制实现技术转移和扩散，促进科技成果产业化，形成良性循环的自我发展能力。按照这一具体管理要求，产业技术创新平台大多建立了由发起单位共同组成的国家工程实验室（国家工程研究中心）理事会（或者联席会议）和技术（专家）委员会，并按照市场化原则，确立研发计划、确定成果和收益的分配机制；而采用公司独立法人的组织形式的，则直接以股权比例作为市场化运行的基础。

四是成果转化高效化。产业技术创新体系突出成果转化，要求建立与之配套的运行机制和转化机制，强调关键技术供给，突出提升产业持续发展能力。灵活的体制机制以及尊重市场配置资源中的基础性作用，使产业技术创新体系的产出，特别是成果转化效率，明显优于高校和科研院所。通过搭建产业与科研之间的"桥梁"，加快了科研成果向现实生产力转化，促进了产业技术进步与核心竞争能力的提高（见图1-1）。

（四）产业技术创新体系构建过程中政府的作用

鼓励和支持地方产业创新平台建设，加快推进相关重大创新成果的

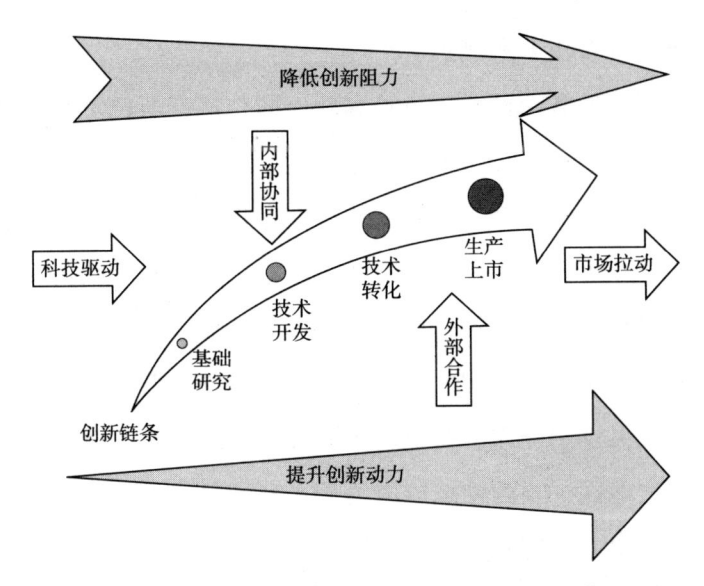

图1-1 产业技术创新体系的创新动力模型[①]

产业化，提升不同区域产业的层次和技术水平，进一步促进科技与经济的紧密结合，不断探索创新驱动发展的新模式和新途径，是国家实施创新驱动战略的根本宗旨。在产业技术创新体系构建过程中，政府的作用体现在三个方面。

一是创新成果具有溢出效应。创新的知识和技术不仅使创新者受益，社会也将受益。创新不仅需要支付私人成本，也要支付社会成本，即需要政府作为社会代表，通过公共财政进行直接的补助或引导性的投入来支付社会成本。按照这一逻辑，政府必然要求创新成果能够在创新者之外的一定范围内实现共享或有偿使用，特别是受到政府资助的项目。

二是创新的知识和技术具有公共产品的属性。这种公共性的特征一方面需要政府做出有利于创新的制度安排，营造鼓励和支持创新的政策环境；另一方面，需要从政府层面上制定相关的法律法规来进行有效的

---

① 冯昊：《产业创新体系及其政策工具有效供给关系的研究——以北京生物医药产业为例》，中国人民解放军军事医学科学院博士学位论文，2017年。

保护，防止和打击仿冒和剽窃。

三是在创新的各个阶段，市场和政府的作用有所侧重。在市场经济条件下，企业对技术有自主的选择，市场也会通过资源配置来推动创新，但不排斥政府积极介入其自主的研发过程。自主创新的各个阶段与市场的距离大致可以用来确定政府和市场结合作用的界限。离市场越近的阶段，如产品开发，市场机制的调节作用越大；离市场越远的阶段，如基础研究，政府的作用越大。这就意味着在创造新知识和新思想的阶段，需要政府更多的介入。在中国经济发展步入新常态情况下，特别是对西部欠发达地区，企业创新能力的投入和条件建设本身就比较弱，来自中央政府和地方政府对创新前期的介入就显得更为重要，其中包括政府提供引导性投资、支持引进高端人才和降低研发设备购买税费等。

二 产业技术创新在创新驱动战略中的地位和作用

（一）推动我国进入全球创新领导者行列，提升国家竞争优势

创新驱动是国家竞争优势的重要体现。党的十八大提出实施创新驱动发展战略，强调科技创新是提高社会生产力和综合国力的战略支撑，必须摆在国家发展全局的核心位置。这是中央在新的发展阶段确立的立足全局、面向全球、聚焦关键、带动整体的国家重大发展战略。习近平总书记在党的十九大报告中指出，创新是引领发展的第一动力，是建设现代化经济体系的战略支撑。

"聚沙成塔"，国家实力不断增强，创新活力不断迸发，让越来越多不可能的事情成为现实。进入21世纪，我国研发经费以年均24%的速度增长，远远超过国内生产总值（GDP）的增长幅度。随着创新驱动发展战略深入实施，创新型国家建设成果丰硕。科技创新能力持续提升，战略高技术不断突破，基础研究国际影响力大幅增强。我国取得了

载人航天和探月工程、载人深潜、深地钻探、超级计算、量子反常霍尔效应、量子通信、中微子振荡、诱导多功能干细胞等重大创新成果。2015年，中国的国家综合创新能力跻身世界第18位；全社会研究与试验发展经费支出达14220亿元；国际科技论文数量稳居世界第2位，被引用次数升至第4位；全国技术合同成交金额达到9835亿元；科技进步贡献率从2010年的50.9%提高到2015年的55.3%。高速铁路、水电装备、特高压输变电、杂交水稻、对地观测卫星、北斗导航、电动汽车等重大装备和战略产品取得重大突破，部分产品和技术开始走向世界。5年创新驱动，我国已成为全球第二大研发投入国家，发明专利申请量连续6年、专利授权量连续3年居世界第一，并已成为世界上首个年专利申请量超过100万件的国家。

这些创新成就的取得，产业技术创新体系功不可没。作为科学技术转化为现实生产力的最直接、最重要的载体和环节，国家工程实验室、国家工程研究中心、国家工程技术研究中心和国家企业技术中心承担了大部分可转化与可应用的专利技术成果的产出，承担了大部分重大装备和战略产品的研发与产业化，承担了大部分技术规程、发明专利和国家标准/行业标准的制定。国家工程实验室、国家工程研究中心、国家工程技术研究中心等的建设和发展，培育了一大批高水平的研发和管理人才，集聚了科技创新资源，开创了科技创新与投资对接、项目与市场结合、知识向资本转化的新途径，为增强我国产业创新能力和促进经济可持续发展提供了强劲动力。正是这些源源不断注入的创新动力使中国在促进发展方式转变和迈向创新型国家的道路上越走越稳、越走越快。

（二）推动科技成果转化与产业化，带动相关产业发展

创新理论和实践证明，通过自主创新发展出来的技术能力是企业和产业竞争优势的主要源泉。在日益开放和日趋激烈的市场竞争中，有的企业如昙花一现，悄然逝去，有的企业却日益壮大，长盛不衰。究其原

因，还在于企业有无核心竞争力，且这种核心竞争力必须是不可复制、不可替代的。通过强化自主创新，可以使企业获得至少四个方面的竞争优势：一是技术突破的内生性有助于企业形成技术标准和较强的技术壁垒，使企业获得一定时间范围内的技术垄断优势；二是自主创新成功后可以诞生一批在技术上与之相关的新产品，使企业获得产业优势；三是生产技术的率先性能先于其他企业获得产品生产成本和质量控制方面的竞争优势，使企业获得产品竞争优势；四是可使企业在市场上具有完全独占性的垄断地位，获得大量的超额利润，从而获得市场竞争优势。可以说，加强技术创新、提高创新能力是打造企业和产业核心竞争力的关键。此外，现代企业制度体现的是企业资源配置的高效性，而这种高效性能否充分发挥，也主要依靠核心技术和技术创新。成本优势或许能够让一个企业迅速抢占市场，但一个企业要形成和提高自己的核心竞争力、可持续发展能力，就必须有自己的核心技术。可以说，核心技术是铸就核心竞争力的基础。

自产业技术创新体系构建以来，国家工程技术研究中心、国家工程研究中心、国家工程实验室和国家企业技术中心在先进制造、电子信息、新材料、能源、交通、现代农业、资源高效利用、环境保护、医药卫生等领域取得了一大批对产业影响重大、体现自主创新能力、有效满足社会需求的成果，如：突破了高性能计算机、高速铁路、高端数控机床、大型超导、精密制造和测控、超高真空等一批支撑战略性新兴产业发展的共性关键技术和装备，解决了载人航天、高性能计算、青藏铁路、油气资源高效利用、资源勘探、防灾减灾和生物多样性保护等重大科学技术问题，培育和带动了高新技术和新兴产业的快速发展。2015年，我国高技术产业增加值占世界总增加值的29%，超过了美国，跃居世界第一。2016年，我国高技术产业增加值占GDP比重达到5.08%，成为我国重要的支柱性产业。同时，科技成果的转移转化和技术扩散也极大促进了农业、环保、水利、国土资源等基础行业的技术进步，推动了装备制造、冶金、纺织等传统产业的转型升级。通过面向企业提供委托研发、系统集成、设备共享、检测测试、标准化、信息检索、人才培训等服务，促进了大批科技型中小企业和微型企业的成长。

以高铁技术和高铁产业为例，其科技创新和产业化应用过程经历了孕育期、引进消化吸收、自主创新和持续自主创新几个阶段。在此过程中，我国逐步抛弃"市场换技术"的传统"追赶"思维和模式，换道自主创新路径。通过高铁技术的体系化自主创新，短短4年就研发出被称为"中国名片"的CRH380系列高速列车及其配套技术与装备体系，形成了被西方发达国家称为"高铁革命"的中国高铁大发展。在高铁技术突飞猛进的过程中，上游的铁路基建、中游的列车制造及相关设备和下游的营运服务的"高铁产业链"在中国从无到有，2015年所形成的产值已突破4000亿元，带动的相关产业发展更是超过万亿元规模。

（三）成为创新创业人才培养的摇篮，推动人才强国战略

人才强国战略是建设创新型国家和世界科技强国的基础支撑。随着经济全球化深入发展，科技人才的跨国流动更加频繁，各国对科技人才的争夺更加激烈。世界级科技大师缺乏、领军人才和尖子人才不足、工程技术人才培养同生产和创新实践脱节，已成为创新强国人才建设的短板。党的十九大报告强调"人才是实现民族振兴、赢得国际竞争主动的战略资源"，明确要求"加快建设人才强国""努力形成人人渴望成才、人人努力成才、人人皆可成才、人人尽展其才的良好局面，让各类人才的创造活力竞相迸发、聪明才智充分涌流"。

创新作为一个系统工程，创新链与产业链、资金链、政策链相互交织、相互支撑，人才的培养和使用贯穿于创新链的各环节之中。产业技术创新平台的创新定位和历史使命促使其必然成为聚集创新创业人才、培养创新创业人才的重要载体，极大地促进了在创新实践中培养和使用人才，推动建立了以企业为主体、市场为导向、产学研深度融合的人才

培养和使用机制，有效缩短了学校教育、科学研究与工业生产实践和产业发展之间的距离。通过产业技术创新平台，教学和科研人员更直接地参与和融入生产实践与社会实践中，更熟悉生产过程，摸清实际的创新需求，实现了基础与实用、理论与实践的紧密结合，促进了产学研用深度融合，加速了科技成果的产出和推广应用。同时，通过多种合作模式，在海外设立分支机构和研发中心或者合作研发，以更开放、更高效的方式利用海外的优秀科技人才和当地优秀的人力资源，为中国的创新发展服务。

"致天下之治者在人才"。2016 年，我国研发人员全时当量高达 385 万人年，比 2012 年增长了 17.7%，居世界第一位。可以说，产业技术创新体系既造就了一大批高端产业技术人才、创新创业领军人才，更培育了一大批"国之大匠"。而国家产业技术创新体系集聚了新增的约 50% 的中国科学院院士和约 75% 的中国工程院院士，成为产业技术创新领军人才培养的摇篮和基地。

（四）成为驱动供给侧结构性改革和新旧动能转化的重要动力

科学技术是第一生产力，对经济发展起着决定性的推动作用。人类历史上每一次重大的科技进步都对产业结构产生重大影响，形成一批新的产业群，大大提高了社会劳动生产率，同时使产业技术水平迅速提高。历史的经验告诉我们，世界科技革命与产业变革和区域经济的崛起息息相关，每一次科技革命都在改写世界的经济版图和政治版图，世界经济中心的几度转移，其中一条清晰的脉络就是科技。有的国家抓住创新这个机遇，一跃成为世界强国；有的国家却与这样的机遇失之交臂。拉美国家长期陷入"中等收入陷阱"的主要原因就是创新不足、宏观经济政策偏差、体制变革严重滞后，从而错失发展模式的转换时机，并导致社会矛盾激化。其中，产业技术水平更是一个国家或地区科技和经济发展水平的集中体现。当一个国家或地区具备一定的产业技术基础和发展条件，步入一个新的发展阶段时，自主创新就成为进一步提升产业技术水平、促进产业转型升级的主要手段。

当前，我国经济发展进入速度变化、结构优化和动力转换的新常态阶段。推进供给侧结构性改革，促进经济提质增效、转型升级，迫切需要依靠科技创新来培育发展新动力，协调推进新型工业化、信息化、城镇化、农业现代化和绿色化。可以说，深化供给侧结构性改革是建设现代化经济体系的主线，加强创新能力建设是建设现代化经济体系的战略支撑。应对人口老龄化、消除贫困、增强人民健康素质、创新社会治理都迫切需要依靠科技创新来支撑民生改善；落实总体国家安全观、维护国家安全和战略利益、提升人民军队现代化水平，更迫切需要依靠科技创新来提供强大保障。

新一轮科技革命和产业变革加速孕育、集聚迸发，正在引发产业分工的重大调整，重塑地区竞争格局，并导致全球资源和财富的再分配。目前，我国科技创新已步入以跟踪为主转向并跑、领跑和跟跑并存的新阶段，我国与发达国家的科技实力差距主要体现在科技创新能力和成果转化能力上。面对新的形势和挑战，加强国家科技创新基地与条件保障能力建设，特别是产业技术创新体系建设，对国家实施创新驱动发展战略具有十分重要的意义。面对世界科技革命和产业变革历史性交汇、抢占未来科学技术制高点的国际竞争日趋激烈的新形势，面对中国经济发展新常态，加快实施创新驱动发展战略，面向世界科技前沿、面向经济主战场、面向国家重大需求，推动跨领域、跨部门、跨区域的协同创新，迫切需要进一步优化产业技术创新体系的建设布局，加强科技基础条件保障能力建设，推进科技资源的开放共享，夯实自主创新的物质技术基础。

（五）成为推动"一带一路"创新之路建设的重要载体

21世纪以来，全球科技创新进入空前密集活跃时期，新一轮科技革命和产业变革正在重构全球创新版图、经济版图和政治版图。共建"一带一路",为大部分处于工业化初级和中级阶段的"一带一路"沿线国家和地区能平等参与,全面融入全球产业链、价值链和供应链提供了新契机,为陷入"中等收入陷阱"的发展中国家带来曙光。随着各类要素资源在沿线国家和地区之间的共享、流动、聚合与重组,各国可以利用各自比较优势,在更宽广的国际合作背景下,着眼于技术前沿应用研究、高技术产品研发和转化,不断将创新驱动发展推向前进。中国与沿线国家和地区共同优化创新环境,集聚创新资源,加强教育和科技创新合作,将促进"一带一路"沿线国家和地区的科技与产业、科技与金融、科技与文化、科技与民生的深度融合。通过发挥产业技术创新体系和创新平台的创新驱动、成果转化、产业孵化、国际技术转移、跨国人才培养中的作用,共建"一带一路"正在成为沿线国家和地区创新发展的新平台,为沿线国家和地区实现跨越式发展提供源源不断的创新驱动力,从而成为世界经济发展的新动能,使不同国家、不同阶层、不同人群在新技术革命和开放型世界经济发展中共享经济全球化的成果。

三 产业技术创新体系的建设和发展历程

自1991年开始,国家启动实施了国家工程技术研究中心、国家工程研究中心、国家工程实验室的建设。截至2017年底,已建设国家工程技术研究中心346个、国家工程研究中心131个、国家工程实验室217个,涵盖了农业、电子与信息通信、制造业、材料、节能与新能源、现代交通、生物与医药、资源开发、环境保护、海洋、社会事业等领域。

(一)起步探索阶段

20世纪90年代初,基于世界科技发展趋势,针对我国科技成果转化程度低、市场导向不够等问题，国家科学技术委员会于1991年启动国家工程技术研究中心的建设，并将其列入了《中华人民共和国科学技术发展十年规划和"八五"计划纲要（1999~2000）》。1991~1992年，包括了国家固体激光工程技术研究中心、国家昌平综合农业工程技术研究中心、国家液体分离膜工程技术研究中心等在内的首批30个国家工程技术研究中心启动建设。1993年2月，为加强国家工程技术研究中心的组建与运行管理，充分发挥其在工程化研究开发、转化科技成果方面的作用，国家科委颁布了《国家工程技术研究中心暂行管理办法》。国家科委每年根据"成熟一个，审批一个"的原则，组织立项。国家工程技术研究中心享受国家给予科研机构的各项优惠政策，研制开发出的中试产品报经国家科委审批后，优先列入国家新产品试制鉴定计划和中试产品免税立项，享受国家有关减免所得税、产品税和增值税的优惠政策。

尽管科技活动在这个时期不断扩展和深入，但仍然有许多科技成果被"束之高阁"。鉴于此，1988~1991年间，国家计委与有关部门联合调研，认为科技体制在由单一计划经济向市场竞争机制转化的过程中还未能建立起完善的科技成果转化渠道与机制，科技成果的工程化和生产技术研究缺乏稳定的资金投入，科学技术的转移缺乏相应的技术基础和技术装备条件，缺乏科学技术转移所需要的高水平工程研究人才，某些领域引进技术的国产化工作跟进不够，等等。[①] 1992年11月，国家计委颁布了《国家工程研究中心管理办法（试行）》，提出要根据国民经济发展和社会主义市场经济的需要，为促进科研成果向现实生产力的转化，从国民经济和社会发展的第八个五年计划起，国家计委将有计划、有步骤地建设一批国家工程研究中心。1993年，国务院首次批准将国

---

① 国家发展改革委高技术产业司：《国家工程研究中心运行和发展的研究》总报告，2004。https：//www.docin.com/p－1009340159.html。

家工程研究中心作为科技发展项目列入世界银行贷款3年滚动计划，并明确由国家财政统借统还；1995年，《中华人民共和国与国际复兴开发银行贷款协定（科技发展项目）》正式签订，世界银行的2亿美元贷款，加上国内配套资金17亿元人民币，成为第一批电子信息技术、先进制造、新材料、能源、环保等国家工程研究中心的建设资金来源。[①]

我国产业技术创新体系的构建在这个时期尚处于起步阶段，主要目的是探索科研与生产结合的形式和机制以及加强科研成果转化[②]，因此国家工程研究中心、国家工程技术研究中心等机构的建设还没有全面铺开。

（二）跨越发展阶段

进入21世纪，在《中共中央 国务院关于实施科技规划纲要增强自主创新能力的决定》《国家中长期科学和技术发展规划纲要（2006~2020年）》等顶层设计和政策指引下，以国家工程实验室、国家工程研究中心、国家工程技术研究中心、国家企业技术中心为主体的产业技术创新体系进入加速发展的跨越期。

2007年发布的《国家自主创新基础能力建设"十一五"规划》提出，"十一五"期间要"建设和完善100个国家工程实验室、100个左右国家工程中心，支持300家国家认定企业技术中心的建设"；《国民经济和社会发展第十一个五年规划纲要》也强调要"加强国家工程实验室、国家工程中心和企业技术中心建设，建立企业自主创新的基础支撑平台"；《国家中长期科学和技术发展规划纲要（2006~2020年）》则明确提出"依托具有较强研究开发和技术辐射能力的转制科研机构

[①] 宋阳：《国家工程研究中心已成为产业技术创新重要生力军》，《中国经济导报》2012年11月15日。

[②] 汪樟发、汪涛、王毅：《国家工程研究中心政策的历史演进及协调状况研究》，《科学学研究》2010年第5期。

或大企业,集成高等院校、科研院所等相关力量,组建国家工程实验室和行业工程中心"。据此,"十一五"期间,国家发展改革委在涉及国家战略性产业、支柱产业、资源环境等重点领域,围绕重大关键技术开发、重大工程试验与仿真等方面布局建设了100个国家工程实验室。2007年,国家发展改革委颁布了新的《国家工程研究中心管理办法》,其中特别规定,对已经验收的工程研究中心进行"后评价",实施优胜劣汰的运行机制。工程研究中心评价结果分为优秀、良好、合格和不合格,对评价结果为优秀或良好的工程研究中心,国家将对其创新能力建设项目给予后续支持;对评价结果不好的工程研究中心,国家将给予警告或撤销工程研究中心称号。通过考核评价,促进了工程研究中心的良性发展。2008年,国家发展改革委在信息技术和产业升级方面启动建设了25个国家工程实验室。

截至2011年底,国家发展改革委共推动建立了119个国家工程实验室、130个国家工程研究中心[1],主要分布在信息、新材料、生物、冶金、石化、机械、节能、环保等国民经济重要领域。以科技部为主推动建立的国家工程技术研究中心也达到294个,包含分中心在内为307个,分布在全国29个省、自治区、直辖市。[2]经过"十五"和"十一五"时期的不懈努力,我国产业技术创新体系建设取得了显著成就,自主创新能力和工程化应用开发能力进一步提升,在推进产业结构调整、应对金融危机冲击、保证国民经济持续健康发展方面发挥了重要作用(见图1-2)。

但是,随着创新能力建设工作的深入开展,区域产业创新基础能力建设不平衡、不充分的矛盾日益凸显。在此基础上,各省纷纷启动建设省级工程实验室、省级工程研究中心,着力打造区域产业技术创新体

---

[1] 朱维平:《让创新奏响产业发展的乐章——记国家工程研究中心20年建设历程》,《中国工程咨询》2013年第2期。
[2] 《国家研究实验基地建设推动我国经济持续发展》,《科技促进发展》2015年第3期。

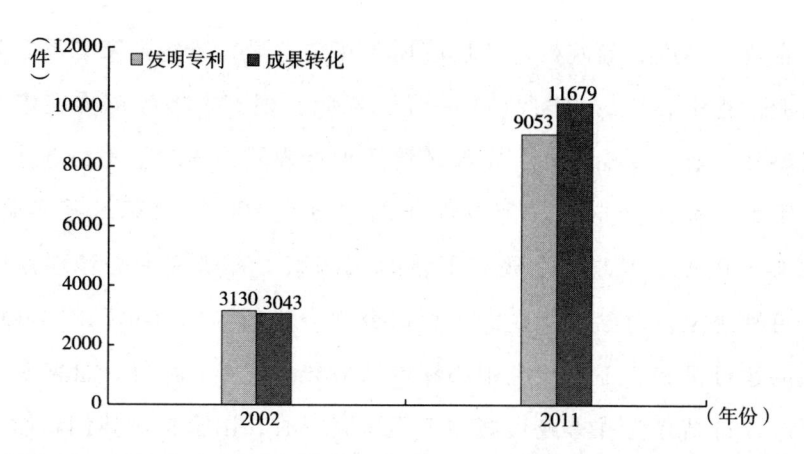

图 1-2　2002 年和 2011 年国家工程研究中心获得发明专利和成果转化情况

系。2010 年 10 月，国家发展改革委针对性地出台了《加强区域产业创新基础能力建设工作指导意见》，提出区域创新体系是国家创新体系建设的重要组成部分，区域产业创新基础能力是区域创新体系建设的关键。加强区域产业创新基础能力建设主要是建立和完善由国家和地方工程研究中心、工程实验室、企业技术中心、公共技术服务平台等创新平台构成的多层次产业创新支撑体系，构建和完善各具特色与优势的区域创新体系。按照这一指导意见，国家发展改革委会同各省（区、市）发展改革委，推动建立了一批国家地方联合工程实验室和工程研究中心。

我国产业技术创新体系发展的第二个阶段除加强科研成果转化之外，加快产业技术创新体系建设的目的还包括推动高技术产业发展、促进经济结构调整、提高自主创新能力和产业核心竞争力。这个阶段的工作对国家与区域创新体系的全面铺开发挥了非常重要的作用。

（三）优化提升阶段

党的十八大以来，党中央将创新摆在国家发展全局的核心位置，深入实施创新驱动发展战略，各地区、各部门认真贯彻落实创新发展理念，大力推进大众创业、万众创新，积极推动"中国制造 2025"和

"互联网+"的行动计划，不断优化创新生态，形成多主体协同、全方位推进的创新格局，为经济稳中有进、稳中向好注入了新的强劲动力。2012~2017年，全社会研发投入年均增长11%，规模跃居世界第二位；科技进步贡献率由52.2%提高到57.5%；载人航天、深海探测、量子通信、大飞机等重大创新成果不断涌现；高铁网络、电子商务、移动支付、共享经济等引领世界潮流；"互联网+"广泛融入各行各业。以企业为主体加强技术创新体系建设，涌现出一批具有国际竞争力的创新型企业和新型研发机构。大众创业、万众创新蓬勃发展，各类市场主体达到9800多万户，5年增加70%以上，国内有效发明专利拥有量增加2倍，技术交易额翻了一番。我国科技创新由跟跑为主转向在更多领域的并跑、领跑，成为全球瞩目的创新创业热土。快速崛起的新动能正在重塑经济增长格局，深刻改变着人们的生产生活方式，成为中国创新发展的新标志。[①]

党的十九大报告明确提出，要"支持传统产业优化升级，加快发展现代服务业，瞄准国际标准提高水平"，要"促进我国产业迈向全球价值链中高端，培育若干世界级先进制造业集群"。

但是，与美、德等主要发达国家相比，我国当前的产业技术创新综合实力仍有一定差距，还不能适应新时代对创新驱动发展的要求，产业关键技术的高质量持续供给能力不强。存在的问题与不足主要表现为：创新平台和创新基础条件保障能力建设缺乏顶层设计与统筹，创新平台布局存在交叉重复，功能定位不明晰，发展不均衡，在若干新兴、交叉和重点领域的布局比较薄弱；一些重要领域的创新平台的条件保障能力建设相对薄弱，为科研创新提供方法和支撑的能力有待加强；科技资源开放共享服务整体水平仍较低，为全社会科技创新活动提供支撑服务的

[①] 《2018年政府工作报告》，2018年3月5日，http://www.gov.cn/zhuanti/2018lh/2018zfgzbg/zfgzbg.htm。

能力有待提高；资源配置单一，尚未完全建立多元化、多渠道、多层次的投入机制，支持结构和方式还需要进一步完善；科研管理创新滞后，绩效评价导向与经济社会发展实际脱节，成果转化机制对科技人员的激励效果不明显；管理运行与评价机制不健全，项目、基地、人才的统筹协调机制还需要进一步加强，等等。

基于上述问题，2017年10月，科技部、国家发展改革委和财政部发布《"十三五"国家科技创新基地与条件保障能力建设专项规划》，明确了国家科技创新基地是围绕国家目标，根据科学前沿发展、国家战略需求以及产业创新发展需要，开展基础研究、行业产业共性关键技术研发、科技成果转化及产业化、科技资源共享服务等科技创新活动的重要载体，是国家创新体系的重要组成部分；提出要根据《"十三五"国家科技创新规划》总体部署和《国家科技创新基地优化整合方案》的具体要求，加强机制创新和分级分类管理，形成科技创新基地与科技基础条件保障能力体系建设和科技创新活动紧密衔接、互融互通的新格局。基于这个规划，国家将知识创新、技术创新体系按照"科学与工程研究""技术创新与成果转化""基础支撑与条件保障"对国家科技创新基地进行重新梳理、规范管理和提升建设。强调以国家目标和战略需求为导向，根据国家科技创新基地的功能定位，加强整体设计，统筹布局，加强各类基地之间的相互衔接，避免低水平、交叉和重复建设。要求按照各类基地的功能定位和深化改革发展的目标要求，进一步聚焦重点，明确定位，对现有的国家工程技术研究中心、国家工程研究中心、国家工程实验室等进行评估梳理，逐步按照新的功能定位要求合理归并，优化整合，国家发展改革委不再批复新建国家工程实验室，科技部不再批复新建国家工程技术研究中心。以此为基础，严格遴选标准，严控新建规模，择优择需新建一批高水平的国家科技创新基地。国家工程研究中心、国家技术创新中心和国家临床医学研究中心纳入国家技术创新与成果转化类基地；国家工程实验室则逐步转型为国家实验室/国家重点实验室，纳入科学与工程研究类基地，或者转型为国家工程研究中心，纳入技术创新与成果转化类基地。

为全面贯彻落实党的十九大精神，落实《中共中央 国务院关于深化体制机制改革加快实施创新驱动发展战略的若干意见》《国务院办公厅关于创新管理优化服务培育壮大经济发展新动能加快新旧动能接续转换的意见》的决策部署，国家发展和改革委员会进一步提出采取企业主导、院校协作、多元投资、军民融合、成果分享的新模式，在战略性领域建立若干国家产业创新中心，培育壮大经济发展新动能，支撑供给侧结构性改革。根据《国家产业创新中心建设工作指引（试行）》，国家产业创新中心将作为整合联合行业内的创新资源、构建高效协作创新网络的重要载体，成为特定战略性领域颠覆性技术创新、先进适用产业技术开发与推广应用、系统性技术解决方案研发供给、高成长型科技企业投资孵化的重要平台，在推动新兴产业集聚发展、培育壮大经济发展新动能等方面发挥重要作用。明确国家产业创新中心应联合现有的国家工程研究中心、国家企业技术中心以及行业、地方等创新平台，广泛吸纳高等院校、科研院所等创新力量，通过共同出资、协作研发、技术入股、创新平台共建或人才联合培养等方式，形成紧密合作的创新网络。

面对世界科技革命和产业变革历史性交汇、抢占未来科学技术制高点的国际竞争日趋激烈的新形势，面对中国经济发展新常态，面向世界科技前沿、面向经济主战场、面向国家重大需求，"优化升级"和"分类管理"成为产业技术创新体系建设的"新主题"。这个阶段迫切需要结合新一轮的政府机构改革，推动跨领域、跨部门、跨区域的协同创新，迫切需要优化国家科技创新基地的建设布局，加强科技基础条件保障能力建设和国家产业创新中心建设，推进科技资源的开放共享，提高科技创新的产出效率，夯实自主创新的物质技术基础。

第二章

推动产业技术创新体系建设的政策梳理

正如第一章所述，创新活动的公共属性决定了创新体系建设需要政府做出有利于创新的制度安排，制定相关的法律法规，营造有利于创新活动开展和创新人才培养的良好环境。

在市场经济体制下，创新主体是企业，但政府在创新过程中仍然负有促进和引导的责任。政府需要针对企业技术创新需求，进行精准的制度设计和政策投放，努力降低企业技术创新风险。

基于此，对国家现有的产业技术创新政策进行系统梳理，将有助于我们准确把握政策要点和政策走向，争取在产业技术创新平台的建设实践中获得最大的政策支持。

一 国家政策

（一）宏观规划类

1.《中共中央 国务院关于实施科技规划纲要增强自主创新能力的决定》

2006年1月26日，《中共中央 国务院关于实施科技规划纲要增强自主创新能力的决定》颁布。中央确定，全面实施《国家中长期科学和技术发展规划纲要（2006~2020年）》，增强自主创新能力；经过15年努力，到2020年使我国进入创新型国家行列。中央强调，要建立以企业为主体、市场为导向、产学研相结合的技术创新体系；要求从财税、金融、政府采购、知识产权保护、人才队伍建设等方面制定一系列政策措施，加强经济政策和科技政策的相互协调，形成激励自主创新的政策体系。中央提出，建设各具特色和优势的区域创新体系，促进中央与地方科技力量的有机结合，促进区域内科技资源的合理配置和高效利用。

2.《加强区域产业创新基础能力建设工作指导意见》

2010年，国家发展改革委制定出台《加强区域产业创新基础能力建设工作指导意见》，明确提出围绕经济社会发展的战略需求和国家自主创新基础能力建设规划，有计划、有步骤地布局一批国家地方联合创新平台，构建和完善各具特色和优势的区域创新体系，建立工程化研究、验证的设施和有利于技术创新、成果转化的机制，加快科研成果向现实生产力转化，满足国家创新型城市、国家高技术产业基地建设以及地方特色产业链、地方主导产业发展对技术进步的迫切需求，为实现区域经济持续发展提供技术支撑。

3.《中共中央　国务院关于深化科技体制改革加快国家创新体系建设的意见》

2012年9月23日，《中共中央　国务院关于深化科技体制改革加快国家创新体系建设的意见》颁布。围绕深化科技体制改革、加快国家创新体系建设、发挥科技对经济社会发展的支撑引领作用，中央做出了8条21款的指导意见。该意见提出加快建立企业为主体、市场为导向、产学研用紧密结合的技术创新体系，引导和支持企业加强技术研发能力建设，"十二五"时期国家重点建设的工程技术类研究中心和实验室，优先在具备条件的行业骨干企业布局；强调围绕战略性新兴产业需求部署创新链，突破技术瓶颈，掌握核心关键技术，推动节能环保、新一代信息技术、生物、高端装备制造、新能源、新材料、新能源汽车等产业快速发展；要求统筹技术创新、知识创新、国防科技创新、区域创新和科技中介服务体系建设，建立基础研究、应用研究、成果转化和产业化紧密结合、协调发展机制；提出充分发挥地方在区域创新中的主导作用，加快建设各具特色的区域创新体系。

4. 《"十三五"国家科技创新规划》

2016年7月28日，国务院印发《"十三五"国家科技创新规划》。该规划明确了"十三五"时期科技创新的总体思路、发展目标、主要任务和重大举措，是国家在科技创新领域的重点专项规划，是我国迈进创新型国家行列的行动指南。该规划共分8篇27章，从创新主体、创新基地、创新空间、创新网络、创新治理、创新生态六个方面提出建设国家创新体系的要求，并从构筑国家先发优势、增强原始创新能力、拓展创新发展空间、推进大众创业、万众创新、全面深化科技体制改革、加强科普和创新文化建设六个方面进行了系统部署；提出围绕我国产业国际竞争力提升的紧迫需求，强化重点领域关键环节的重大技术开发，突破产业转型升级和新兴产业培育的技术瓶颈，构建结构合理、先进管用、开放兼容、自主可控的技术体系；明确面向行业和产业发展需求，整合国家工程技术研究中心和国家工程研究中心，完善布局，实行动态调整和有序退出机制，在先进制造、现代农业、生态环境、社会民生等重要领域建设高水平的技术创新和成果转化基地。

5. 《"十三五"国家科技创新基地与条件保障能力建设专项规划》

科技部、国家发展改革委、财政部于2017年10月24日印发了《"十三五"国家科技创新基地与条件保障能力建设专项规划》。该专项规划立足体系建设，着力解决基础研究、技术研发、成果转化的协同创新，着力提升科技创新基础与条件保障能力、科技资源开放共享服务能力，夯实自主创新的物质技术基础。该专项规划明确，到2020年，形成布局合理、定位清晰、管理科学、运行高效、投入多元、动态调整、开放共享、协同发展的国家科技创新基地与条件保障能力体系。该专项规划提出七大重点任务，包括推动国家科技创新基地与条件保障能力体系建设、加强科学与工程研究类国家科技创新基地建设、加强技术创新与成果转化类国家科技创新基地建设、加强基础支撑与条件保障类国家科技创新基地建设、加强科技基础条件保障能力建设、全面推进科技资源开放共享和高效利用、加强部门和地方的科技创新基地与条件保障能力建设；明确技术创新与成果转化类基地定位于面向经济社会发展和创新社会治理、建设平安中国等国家需求，开展共性关键技术和工程化技术研究，推动应用示范、成果转化及产业化，提升国家自主创新能力和科技进步水平，这主要包括国家工程研究中心、国家技术创新中心和国家临床医学研究中心；强调加强事中事后监管，研究制定国家工程研究中心评价办法及评价指标体系，引导国家工程研究中心不断提升创新能力，加速推进重大科技成果工程化和产业化；提出根据经济社会发展的重大战略需求，结合国家重点工程实施、战略性新兴产业培育等需要，依托企业、高等院校和科研院所择优建设一批国家工程研究中心，促进产业集聚发展、创新发展。围绕科技创新中心、综合性国家科学中心、全面创新改革试验区域等重点区域创新发展需求，集中布局建设一批国家工程研究中心，探索国家地方联合共建的有效形式，引导相关地方健全区域创新体系，打造若干具有示范和带动作用的区域性创新平台，促进重点区域加快向创新驱动转型。

（二）管理指导类

1.《国家工程技术研究中心暂行管理办法》

1993年2月，由国家科委颁布的《国家工程技术研究中心暂行管理办法》共8章37条，主要包括国家工程技术研究中心的宗旨、组织形式、主要职责和任务、管理机构及其职责、立项与实施、经费管理、运行管理、验收与考评、优惠政策等方面内容，是加强对国家工程技术研究中心的组建与运行管理的规范性文件。

2.《国家工程研究中心管理办法》

2007年3月由国家发展和改革委员会颁布，2007年4月10日起施行的《国家工程研究中心管理办法》共6章37条，主要包括国家工程研究中心的地位、宗旨、主要任务、申报与审核、评价、资金补助、变更与处罚等方面内容，是加强和规范国家工程研究中心建设与运行管理，提高自主创新能力的规范性文件。

3.《国家工程实验室管理办法（试行）》

2007年7月23日由国家发展和改革委员会颁布，2007年9月1日起施行的《国家工程实验室管理办法（试行）》共5章27条，主要包括国家工程实验室的地位、主要任务、建设目标、建设原则以及组织管理、申报与审理、监督管理等方面内容，是开展国家工程实验室工作的规范性文件。

4.《国家企业技术中心认定管理办法》

2016年2月26日由国家发展和改革委员会等5部委共同发布，2016年4月1日起施行的《国家企业技术中心认定管理办法》共6章31条，主要包括国家企业技术中心的地位、国家企业技术中心认定、运行评价、鼓励政策、监督管理等方面内容，是强化企业技术创新主体地位、引导和支持企业增强技术创新能力、健全技术创新市场导向机制、规范国家企业技术中心管理的规范性文件。

5.《国家地方联合创新平台建设实施办法》

2010年由国家发展改革委发布的《国家地方联合创新平台建设实施办法》共6章23条，明确提出围绕经济社会发展的战略需求和国家自主创新基础能力建设规划，有计划、有步骤地布局一批国家地方联合创新平台，构建和完善各具特色与优势的区域创新体系，建立工程化研究、验证的设施和有利于技术创新、成果转化的机制，加快科研成果向现实生产力转化，满足国家创新型城市、国家高技术产业基地建设以及地方特色产业链、地方主导产业发展对技术进步的迫切需求，为实现区域经济持续发展提供技术支撑。该实施办法对于国家地方联合创新平台的申报和审查、建设和运行、考核和评价等进行了明确规定。

6. 《国家产业创新中心建设工作指引（试行）》

2018 年由国家发展改革委发布的《国家产业创新中心建设工作指引（试行）》共 6 章 26 条，明确提出在战略性领域组建产业创新中心，联合现有的国家工程研究中心、国家企业技术中心以及行业、地方等创新平台，广泛吸纳高等院校、科研院所等创新力量，通过共同出资、协作研发、技术入股、创新平台共建或人才联合培养等方式，形成紧密合作的创新网络，服务关键共性技术、前沿引领技术、现代工程技术、颠覆性技术创新，促进科技成果转化，育成新产业、培育新动能。

（三）发展促进类

1. 《中华人民共和国促进科技成果转化法》

《中华人民共和国促进科技成果转化法》由全国人民代表大会常务委员会于 1996 年 5 月 15 日审议通过，1996 年 10 月 1 日起施行；2015 年 8 月 29 日对其进行了修订，修订后的《中华人民共和国促进科技成果转化法》包括 6 章 52 条，其修订的焦点和亮点是科技成果转化的处置权与收益。新修订的《中华人民共和国促进科技成果转化法》规定：国家设立的研究开发机构、高等院校对其持有的科技成果，可以自主决定转让、许可或者作价投资，但应当通过协议定价、在技术交易市场挂牌交易、拍卖等方式确定价格。通过协议定价的，应当在本单位公示科技成果名称和拟交易价格。另外，国家设立的研究开发机构、高等院校转化科技成果所获得的收入全部留归本单位。

2. 《国务院关于印发实施〈中华人民共和国促进科技成果转化法〉若干规定的通知》

2016 年 2 月 26 日，为加快实施创新驱动发展战略，落实《中华人民共和国促进科技成果转化法》，打通科技与经济结合的通道，促进大众创业、万众创新，鼓励研究开发机构、高等院校、企业等创新主体及科技人员转移转化科技成果，推进经济提质增效升级，国务院印发了《实施〈中华人民共和国促进科技成果转化法〉若干规定》。该若干规定共3款16条，其中明确提出国家鼓励研究开发机构、高等院校通过转让、许可或者作价投资等方式，向企业或者其他组织转移科技成果。国家设立的研究开发机构和高等院校应当采取措施，优先向中小微企业转移科技成果，为大众创业、万众创新提供技术供给。研究开发机构、高等院校的主管部门以及财政、科技等相关部门，在对单位进行绩效考评时应当将科技成果转化的情况作为评价指标之一。加大对科技成果转化绩效突出的研究开发机构、高等院校及人员的支持力度。

3.《国务院关于优化科研管理提升科研绩效若干措施的通知》

2018年7月18日，国务院发布了《国务院关于优化科研管理提升科研绩效若干措施的通知》，强调要贯彻落实党中央、国务院关于推进科技领域"放管服"改革的要求，建立完善以信任为前提的科研管理机制，减轻科研人员负担，充分释放创新活力，调动科研人员积极性，激励科研人员敬业报国、潜心研究、攻坚克难，大力提升原始创新能力和关键领域核心技术攻关能力，多出高水平成果，壮大经济发展新动能，为实现经济高质量发展、建设世界科技强国做出更大贡献。该通知提出了如下政策措施：一是优化科研项目和经费管理。简化科研项目申报和过程管理，加快完善国家科技管理信息系统，推行"材料一次报送"制度，合并财务验收和技术验收；赋予科研人员和科研单位更大的科研自主权，科研人员可以在研究方向不变、不降低申报指标的前提下自主调整研究方案和技术路线，将直接费用中除设备费用外，其他科目费用调剂权全部下放给项目承担单位。二是完善有利于创新的评价激励制度。优化整合科技领域人才计划，切实精简人才"帽子"，开展科技人才计划申报查重工作，不得将人才"帽子"同物质利益直接挂钩；

集中开展"唯论文、唯职称、唯学历"问题清理，建立以创新质量和贡献为导向的绩效评价体系；对承担国家关键领域核心技术攻关任务的团队负责人及引进的高端人才实行年薪制。三是强化科研项目绩效评价。实行科研项目绩效分类评价，加强项目关键环节考核，绩效评价结果作为项目调整、后续支持的重要依据。四是完善分级责任担当机制。建立相关部门为高校和科研院所分担责任机制，减少对科研活动的审计和财务检查频次；强化高校、科研院所和科研人员主体责任；完善鼓励法人担当负责的考核激励机制。

4.《关于支持科技创新进口税收政策管理办法的通知》

为深入贯彻落实党中央、国务院关于创新驱动发展战略有关精神，发挥科技创新在全面创新中的引领作用，经国务院批准，财政部、海关总署、国家税务总局联合印发了《关于"十三五"期间支持科技创新进口税收政策的通知》（财关税〔2016〕70号）。根据该通知，国家对科学机构、技术开发机构、学校等单位进口国内不能生产或者性能不能满足的科学研究、科技开发和教学用品，免征进口关税和进口环节增值税与消费税。

二 云南省相关政策

1.《云南省高新技术产业促进条例》

2007年5月23日，云南省第十届人民代表大会常务委员会第二十九次会议通过了《云南省高新技术产业促进条例》，共9章42条，内容包括总则、创业扶持、产业集聚、人才保障、资金支持、开放合作、社会服务、法律责任等。该条例准确科学地对高新技术产业做出了界定，既反映了高新技术产业的特征，又很好地结合了云南经济发展的实际。该条例明确了云南省人民政府应当把发展高新技术产业纳入国民经济和社会发展规划，制定相关政策，促进高新技术产业的发展；县级以上人民政府应当加强本行政区域内高新技术产业发展的组织、引导、协调和服务工作，营造高新技术产业发展的良好环境；县级以上人民政府发展和改革行政主管部门是高新技术产业发展的综合管理部门。该条例对构建高新技术产业自主创新体系和创业服务体系、高新技术成果的转化、重点支持的企业技术创新项目以及高新技术企业认定和扶持等做出了明确规定。

2.《关于云南省自主创新基础能力建设规划》

2009年5月25日，云南省人民政府办公厅转发省发展改革委、省工业信息化委、省科技厅、省教育厅、省财政厅编制的《关于云南省自主创新基础能力建设规划》。该规划共6个章节，在分析云南省自主创新基础能力建设现状的基础上，明确提出了自主创新基础能力建设的目标任务、重大专项和措施保障。其中明确了要以重点产业、特色产业发展和结构升级的重大需求为导向，以促进高新技术产业发展，缓解资源匮乏、能源紧缺、环境污染制约，提高产业核心竞争力，构建具有云南特色的新型工业化体系以及建设现代农业为目的，组建一批工程研究中心和工程实验室。提出围绕加快发展高新技术产业、节能减排及资源的高效利用、提升装备制造业的核心竞争力等，以增量投入带动原有创新资源的优化配置，完善和提升一批已经建成的重点实验室、工程研究中心的创新能力，新建一批高水平的工程实验室和工程研究中心。

3.《云南省工程研究中心管理暂行办法》

2010年8月9日，云南省发展和改革委员会正式施行《云南省工程研究中心管理暂行办法》。该暂行办法共有6章26条：第一章"总则"、第二章"组织管理"、第三章"申报与评审"、第四章"资金支持"、第五章"监督管理"、第六章"附则"。此外，还包括5个附件："云南省工程研究中心申请报告编制提纲""创新能力建设项目资金申请报告编制提纲""年度运行总结报告编制提纲""验收报告编制提纲"和"招标事项核准意见"。该暂行办法是规范云南省工程研究中心申报、建设、管理的最重要依据。

4.《云南省工程实验室管理暂行办法》

2010年8月9日，云南省发展和改革委员会正式施行《云南省工程实验室管理暂行办法》。该办法共有6章28条：第一章"总则"、第二章"组织管理"、第三章"申报与评审"、第四章"资金支持"、第五章"监督管理"、第六章"附则"。此外，还包括5个附件："云南省工程实验室申请报告编制大纲""创新能力建设项目资金申请报告编制提纲""年度运行总结报告编制提纲""验收报告编制提纲"和"招标事项核准意见"。该暂行办法是规范云南省工程实验室申报、建设、管理的最重要依据。

5.《中共云南省委　云南省人民政府关于加快实施创新驱动发展战略的意见》

为全面贯彻落实党的十八大关于加快实施创新驱动发展战略部署和《中共中央　国务院关于深化科技体制改革加快国家创新体系建设的意见》的精神，充分发挥科技对经济社会发展的支撑引领作用，着力解决云南省科技创新资源不足、自主创新能力不强、科技投融资体系不健全、科技创新体制机制不完善等问题，2013年5月20日，云南省委省政府正式印发了《关于加快实施创新驱动发展战略的意见》。作为云南省实施创新驱动发展战略的纲领性文件，共7章30条，针对云南省创新驱动发展的重点领域和关键环节，从产业技术体系创新、原始创新、区域创新、军民融合、创新主体、创新创业服务体系、人才队伍7个方面做了全面部署和重点任务安排。

6.《中共云南省委云南省人民政府关于实施建设创新型云南行动计划（2013~2017年）的决定》

为深入贯彻落实党的十八大精神，实施创新驱动发展战略，强科技、兴产业、惠民生，加快创新型云南建设，实现科学发展、和谐发展、跨越发展，2013年5月20日，《中共云南省委　云南省人民政府关于实施建设创新型云南行动计划（2013~2017年）的决定》发布。

该决定包括指导思想、总体目标、主要任务和保障措施四个部分。其中提出围绕云南省支柱产业、优势产业和战略性新兴产业发展需求，构建一批特色和优势明显的科技创新平台，不断提升其研发水平和支撑能力，创新产学研合作模式，加快形成以企业为主体、市场为导向、产学研相结合的技术创新体系。

7.《中共云南省委 云南省人民政府关于深化科技体制改革的意见》

为认真贯彻落实《中共中央 国务院关于深化体制机制改革加快实施创新驱动发展战略的若干意见》和《中共中央办公厅 国务院办公厅关于印发〈深化科技体制改革实施方案〉的通知》等文件的精神，加快实施创新驱动发展战略，深入推进创新型云南建设，2016年1月29日，云南省委办公厅印发了《关于深化科技体制改革的意见》。该意见共5章24条，其中提出围绕云南省产业发展重点领域和行业布局，大力支持国家和省级重点实验室、工程（技术）研究中心、企业技术中心、工程实验室等研发平台建设，优化平台布局，完善评价机制，探索企业主导、院校协作、多元投资、军民融合、成果分享的新模式，按照功能定位整合利用各类研发平台资源，构建开放共享互动的创新网络。

第三章

产业技术创新平台的评价指标和评价方法

随着创新理论的不断发展，国内外学者对技术创新能力指数进行了尝试性研究，并采用不同的综合评价方法进行实证分析。产业技术创新体系的创新能力评价是一个较为复杂的问题，需要全面衡量，并制定一系列指标以描述工程研究中心/工程实验室的基本特征[①]，综合并科学地反映其创新基础条件、管理水平和可持续发展能力。

一 评价核查目的

从国家层面看，我国许多产业仍处于世界产业价值链的中低端，一些关键的核心技术受制于人，发达国家在科学前沿和高技术领域仍然占据明显的领先优势。我国支撑产业升级、引领未来发展的科学技术储备亟待加强，适应创新驱动的体制机制亟待建立健全，企业创新动力不足，创新体系整体效能不高，经济发展尚未真正转到依靠创新的轨道；科技人才队伍大却不强，领军人才和高技能人才匮乏，创新型企业家群体亟须发展壮大；激励创新的市场环境和社会氛围仍需进

---

① 周琼琼：《国家工程技术研究中心技术创新能力指数研究与实证分析》，《科技进步与对策》2015年第1期。

一步培育和优化。

目前,云南省自主创新能力建设还存在一些亟待解决的问题,主要表现在:自主创新能力的投入远不能适应新一轮科技革命和建设创新型云南的要求;创新资源配置不尽合理,自主创新支撑体系的统筹规划和科学布局有待加强;科学、健全、高效地建设、运行、管理机制亟须完善,公共科技设施的开放共享和产业研发设施建设中如何充分发挥市场机制的作用有待进一步解决;企业的自主创新能力不足,科技成果转化率低,产业共性技术供给能力相对薄弱,拥有自主知识产权的名牌产品较少;创新人才结构和分布不尽合理,高层次创新人才紧缺;鼓励和加强自主创新的相关政策不配套或执行不力,对外开放水平不高,创业环境和中介服务体系亟待改善和加强,等等。

创新评估是新生事物,其社会公信力会直接影响第三方评估工作的健康发展。在强化评估主体独立性、专业性、权威性的同时,也要构建第三方创新能力评估的理论体系,引入更多的第三方力量,全面审慎地制定创新政策。开展第三方创新能力评估既是国家和云南省对产业技术创新平台进行监管的重要手段,也是推动平台健康持续发展的重要举措。评价核查有利于国家和云南省及时了解云南的国家地方联合及省级工程研究中心/工程实验室的建设和运行情况,发现问题、寻找短板、提出对策,达到"以评促建、以评促改、以评促管"的目的;有利于云南省实行优胜劣汰、动态调整运行评价机制,提高产业技术创新平台对增强云南省自主创新能力、产业核心竞争力和可持续发展能力的支撑作用。

二 评价核查的意义

评估核查工作的核心内容是对产业技术创新平台建设和运行状况进行考核检查。就云南省而言,评价核查结果将作为云南省产业技术创新平台实行优胜劣汰、动态调整运行评价机制的重要依据。

按照管理的要求，对云南全省的产业技术创新平台进行定期评估核查，有利于相关部门及时掌握全省的产业技术创新平台建设和运行状况，进一步加强运行管理，为政府统筹全局制定政策提供有利的参考；有利于促进各平台全面自查并反思自身建设和运行状况，及时找出发展中的短板，根据专家指导和相关部门引导及时进行改进，不断提高自身建设水平；有利于提高云南省面向南亚和东南亚的辐射带动能力，通过鼓励和引导平台与国外开展技术交流合作，利用产业技术"走出去"，主动服务并融入国家和云南省的重大战略；有利于提高全社会对平台建设的知情权，公开评价结果可以促进全社会及时了解云南省高新产业技术方面取得的突破，推动社会各界与平台之间的合作，提高技术成果产业转化，充分发挥创新平台对区域产业可持续发展的创新技术支撑。

三 评价设计的理论基础

（一）产业技术创新评价的发展阶段

20世纪五六十年代，第一代创新计量指示主要反映的是传统线性创新概念，其计量指标全部集中在创新投入方面，具体变量包括研发投资、教育支出、投入资金、研究人员、大学研究生和技术密集程度等。

20世纪七八十年代，第二代创新计量指标仍然主要以创新投入为计量主体，但同时增加了对创新中的产出的考量，如专利数、科学出版物、新产品和新流程、高技术等。

20世纪90年代，随着相关部门调查数据的大量增加，第三代创新计量指标得到了很大程度的丰富和细化，考察的核心转变为评测和排列国家的创新能力，这个时期主要的困难是如何判定国际数据对比的有效性和如何整合服务业创新的数据。

总体上来说，20世纪的创新计量指标的侧重点都在创新投入上，由于理论不足和缺乏数据支持，创新过程没有得到足够的解析。

进入21世纪，随着创新测度理论的逐步成熟和完善以及大量调查数据的产生，创新计量指标也得到了极大的拓展和深化，国际上称当前发展中的、新的创新计量指标为第四代。其主要特征是大量增加了中间过程变量，如知识、网络和创新环境等，使创新测度更具深度和实证参考价值。但是第四代创新计量指标依旧未能完全成熟，仍然在发展之中。

（二）产业技术创新平台评价指标体系的要素构成

产业技术创新平台既是国家创新体系建设的重要组成部分，又在区域创新体系建设中起着核心和引领作用，是推动区域经济创新发展的原生动力。产业技术创新平台要在体现国家和省级科技创新战略目标导向的前提下，围绕区域创新型城市、高技术产业基地建设以及地方特色产业链、地方主导产业发展等确定的重点领域，推进关键共性技术的研发和产业化，为培育战略性新兴产业、调整振兴重点产业、应用高新技术改造提升传统产业和促进发展方式转变等方面提供智力和人才支持。其评价指标体系的构成应该包括以下几个方面的要素。

1. 创新投入

具体的考核变量应该包括：物质资本的投入和人力资本的投入。

例如：

研究与试验发展经费支出额_____，占产品销售收入的_____%。

   其中：政府投入经费_____，所占比例_____%。

      横向课题经费_____，所占比例_____%。

      平台自筹经费_____，所占比例_____%。

（T-1）年研究与试验发展经费支出额_____，占产品销售收入的_____%。

研究与试验仪器设备原值：当年_____，（T-1）年_____。

研究与试验发展人员数：当年_____，（T-1）年_____。

其中：高级专家（具有副高及以上职称）人数：当年新增_____，累计_____。

博士人数：当年新增_____，累计_____。

来平台从事研究与试验发展（累计时间两个月以上）的外部专家人数：当年_____，（T-1）年_____。

研究与试验发展人员年均项目经费：当年_____，（T-1）年_____。

国家级创新团队：当年_____，累计_____。

省（部）级创新团队：当年_____，累计_____。

研究与试验发展人员学习培训支出经费：当年_____，（T-1）年_____。

研究与试验发展人员年均收入：当年_____，（T-1）年_____。

2. 创新成果

具体的考核变量应该包括：知识的创新及其与技术创新的产出、衔接与融合。

例如：

被受理的专利申请数：当年_____，近3年累计_____。

其中：发明专利数：当年_____，近3年累计_____。

获得授权的专利：当年_____，近3年累计_____。

其中：发明专利数：当年_____，近3年累计_____。

新品种审定（登记）：当年_____，近3年累计_____。

新药生产批件：当年_____，近3年累计_____。

新药临床批件：当年_____，近3年累计_____。

软件著作权：当年_____，近3年累计_____。

近 3 年主持（参与）制定国际标准_____，国家标准_____，行业标准_____。

获国家级奖项：一等奖当年_____，近 3 年累计_____。

二等奖当年_____，近 3 年累计_____。

三等奖当年_____，近 3 年累计_____。

获省（部）级奖项：一等奖当年_____，近 3 年累计_____。

二等奖当年_____，近 3 年累计_____。

3. 创新价值的实现

通过具体的考核变量，体现创新成果由实验室走向市场，既包括从中试到产业化，也包括技术成果转移转化，最终实现创新的价值。

例如：

获得的驰名商标数：当年_____，累计_____。

获得的中国名牌产品（国家保护产品）数：当年_____，累计_____。

获得的地方名牌产品（独家产品）数：当年_____，累计_____。

进入国家医保目录的药物品种数：当年_____，累计_____。

进入地方基药目录的药物品种数：当年_____，累计_____。

新产品的销售收入_____，占销售总收入的_____%。

产品或技术出口创汇额_____。

技术转让收入_____。

技术服务收入_____。

4. 管理创新

具体的考核变量应该体现平台承担主体在新的工作组织、内部管理、外部联系、商业操作、创新文化建设等方面的内容。

例如：

在海外设立合作研发机构数：当年_____，累计_____。

在其他省区设立合作研发机构数：当年_____，累计_____。

通过国家（国际组织）认定的实验室：当年_____，累计_____。

产学研合作。

博士后工作站。

内部规章制度建设。

信息化建设（网络、数据库、应用软件和系统等）。

节能降耗新举措。

（三）评价指标的权重设计

评价指标体系由创新投入、创新成果、创新价值的实现和管理创新4个基本模块构成，反映了创新过程由多个层次和多个环节组成，有多个内外的行为主体参与。同时，评价指标体系还强调创新的价值实现以及管理创新在构建创新生态系统中的重要作用。在拟定评价指标的权重时，要克服以往单纯技术创新和线性模式的认识，重视创新关联是创新绩效乃至成败的关键，创新的价值实现是创新概念的核心要义，重视产业创新的理念以及知识创新（科学发现）和技术创新的密切衔接与融合。要充分考虑到创新成果的表现形式对不同行业和领域是不一样的，实现创新价值的方法和路径也不完全相同。评价指标的权重既要有共性以便于实际操作，又要可以通过"行业系数"来加以调整。

四 评价核查的对象和范围

云南省工程研究中心/工程实验室建设和运行10年来，围绕云南传统产业转型升级、优势特色产业发展壮大和战略性新兴产业培育发展，对解决云南产业发展中的关键技术与装备的瓶颈问题，促进产业技术进步和结构调整，支撑和推动云南经济和社会持续健康发展发挥了重要作用。目前，云南省已逐步形成由国家级、国家地方联合、省级三个层次工程研究中心/工程实验室构成的产业技术创新平台体系，涵盖现代生物、高原特色农业、新材料、高端装备制造、电子信息、新能源和节能环保、传统工业等重点领域。云南省产业技术创新体系的建立健全极大提升了"云南现代生物、新材料、光电子、高端装备制造、新能源和节能环保产业"等战略性新兴产业重点领域、"与云南经济社会发展密切相关的高原特色农业、冶金、化工、能源、交通、环境保护等"特色优势行业领域，以及"利用高新技术改造提升传统产业"领域的工程化技术研发和验证能力，有效促进了技术成果产业化，涌现了一大批国际先进水平/国内领先水平的产业技术成果和创新团队，为解决云南省地方产业和经济发展的瓶颈问题提供了强有力的技术、智力和人才支持。

此次评价对象为云南全省的国家地方联合与省级83家工程研究中心/工程实验室，其中国家地方联合工程研究中心/工程实验室24家，省级工程研究中心/工程实验室59家。这83家被评价对象中的有效评价对象为79家，未上报自评材料、自动放弃本次评价资格的有4家。79家有效评价对象当中，国家地方联合工程研究中心/工程实验室23家，省级工程研究中心/工程实验室56家，其中2016年新认定的3个工程研究中心只核查目前的建设推进情况，不进行打分评价。

评价时间为2014~2016年，评价内容为3年期间产业技术创新平台的建设和运行情况，主要是平台建设的条件与能力、成果与贡献、创新环境方面的情况。

五 评价的内容和指标

（一）评价内容

工程研究中心/工程实验室近3年（2014~2016年）的建设和运行状况，主要包括：研究与试验发展经费的投入和管理情况、人才与队伍建设情况、平台建设情况、创新成果产出与转化情况、机构管理运行和规划情况等。

(二) 评价指标

此次针对云南省产业技术创新平台的评价指标体系按百分制计分，包括条件与能力、成果与贡献、创新环境3个一级指标，以及经费投入、装备条件、人才与队伍、平台建设、研究与试验发展活动、创新成果产出、行业贡献、规划与目标、管理运行机制9个二级指标。

在评价指标体系设计过程中，参考借鉴了国家工程研究中心、国家企业技术中心的评价方法和评价经验，遵循了可比性原则、独立性原则、可操作性、定性定量相结合原则，既注重利用纵向对比反映单个创新平台的成长性，又注重横向对比反映其在细分领域/行业的影响力和贡献率。

(三) 评价结果划分

评价结果根据得分，按优秀、良好、一般、基本合格、不合格五个等级来进行划分（见表3-1）。

表3-1 评价结果划分等级

等级	分数
优秀	90分（含）以上
良好	80（含）~90分
一般	70（含）~80分
基本合格	60（含）~70分
不合格	60分以下

评价结果中等级为"优秀"的平台被视为建设和运行情况表现优秀，第三方评估课题组建议云南省发展和改革委员会今后在政策支持、项目和资金上予以倾斜，对省级工程研究中心/工程实验室则建议优先

推荐申报国家地方联合工程研究中心/工程实验室；评价等级为"良好"和"一般"的平台被视为建设和运行情况良好和一般，云南省发展和改革委员会将继续扶持平台建设和产业关键技术研发；评价等级为"基本合格"和"不合格"的平台需要提交整改方案，建议云南省发展和改革委员会给予一定的整改期限进行整改，对于整改期限截至时还未有突出成绩的，建议考虑警告或撤销其相关认定。

六　评价核查过程

此次评价核查采用自行评估、初步审核、实地核查和评价分析相结合的方式进行。

（一）自评阶段

由云南省产业技术创新平台管理部门云南省发展和改革委员会印发《关于开展产业技术创新平台建设成效和运行情况评价核查工作的通知》，各产业技术创新平台的依托单位参照编制要点，对平台近3年的建设和运行情况进行总结和自评。

（二）初审核阶段

云南省产业技术创新平台管理部门云南省发展和改革委员会委托第三方评估机构，组织相关专家对各依托单位提交的产业技术创新平台的自评材料进行集中审核。主要审核内容包括：自评分数是否严格遵守评价标准进行打分（即总结报告中的材料是否符合评价标准）；通过研读自评报告，发现平台建设和运行中可能存在的问题和不足；总结报告情况材料是否有对应的证明材料作为附件支撑。对于未严格按照评价标准或无证明材料附件的指标选项，专家组进行了相应调整并打出了初步审核分数。

这个阶段的工作也是为第三阶段的实地核查做基础材料准备。

(三) 实地核查阶段

此阶段由第三方评估机构邀请云南全省相关产业技术领域的知名专家学者组成不同的行业专家组，按照行业分类开展实地核查工作。现场实地核查采取了听取平台单位汇报、查看试验场地和设施设备条件、对照评价指标逐一核实的方法，过程中也就评价指标体系向各平台进行了进一步的解释说明和交流沟通。根据各平台实际的建设和运行情况，由实地核查专家现场进行打分，并请被核查单位确认签字。

对于需要各平台进一步说明或提供佐证材料的评价内容，专家现场给出意见，部分材料由平台承担单位现场进行补充；需要再整理的，此后重新补充提交到第三方评估机构。

(四) 评价分析阶段

根据各依托单位重新提交的自评材料和实地核查结果以及补充佐证材料，第三方评估机构按照此次评价的指标体系，对各平台给出了最终的评价分数，并组织编写《云南省产业技术创新平台建设和运行评价分析综合报告》，内容包括各产业技术创新平台近3年的建设和运行基本情况；对评价和核查结果进行分析，总结平台取得的明显成效和建设运行中存在的问题；基于评价核查，提出今后推进产业技术创新平台建设、优化平台布局、强化平台管理的建议。

表3-2 云南省产业技术创新平台的核查评估指标体系

一级指标	二级指标	三级指标
条件与能力（35分）	经费投入（8分）	研究与试验发展经费评价期年均支出额（4分）
		研究与试验发展经费评价期年均增长率（4分）
	装备条件（10分）	研究与试验仪器设备原值（4分）
		评价期新增研究与试验仪器设备、软件固定资产价值（4分）
		研发场地面积（2分）

续表

一级指标	二级指标	三级指标
条件与能力（35分）	人才与队伍（10分）	专职研发人员总数（2分）
		研发人员占总人数比重（2分）
		学术与技术带头人数量（3分）
		省、厅级以上创新团队数量（3分）
	平台建设（7分）	院士或博士后工作站授牌（2分）
		在海外或其他省区设立合作研发机构数（2分）
		通过国家（国际组织）、国家地方联合共建创新平台、中试基地（3分）
成果与贡献（55分）	研究与试验发展活动（12分）	在研科技项目（不含技改项目）总数（3分）
		在研科技项目（不含技改项目）到位经费总数（3分）
		评价期新增省级以上研发项目数（3分）
		国际交流与合作（3分）
	创新成果产出（25分）	专利授权、软件著作权、新品种审定、新药临床（生产）批件、新工艺、新方法、新产品数量（8分）
		专利授权、软件著作权、新品种审定、新药临床（生产）批件、新工艺、新方法、新产品评价期年均增长率（3分）
		省部级以上科技奖励获得情况（8分）
		主持或参与标准制定情况（4分）
		高层次收录论文数量（2分）
	行业贡献（18分）	技术成果转移转让数量（3分）
		成果转化收入（4分）
		技术服务收入（4分）
		对行业的直接经济效益（3分）
		为行业或地区培养人才情况（4分）
创新环境（10分）	规划与目标（2分）	发展规划和研究目标的制订（2分）
	管理运行机制（8分）	平台管理规章制度（2分）
		创新合作及成果转化机制（3分）
		人才培引和激励机制（3分）
合计		满分100分

第四章

云南产业技术创新平台建设和运行情况的评价

一 总体态势良好

云南省此次对83家产业技术创新平台进行了评价核查，剔除因平台主要人员团队变化、依托单位兼并重组、研究方向重大调整等原因而无法进行评价核查的4个平台［生物医学动物模型国家地方联合工程研究中心（云南）、云南省天然香精香料工程研究中心、云南省天然植物色素工程研究中心、云南省缓释制剂产业化工程研究中心］外，其余79家被评价的平台总体运行态势良好，工程化研究的实验条件不断改善、能力不断提升、创新团队建设成绩斐然，涌现一大批重大产业技术创新成果，在推进云南省重大产业关键技术突破、科技成果转化、战略性新兴产业培育、传统产业转型升级等方面发挥了重要作用，基本达到了国家发展改革委和云南省发展改革委建设国家地方联合工程实验室和工程研究中心、省级工程实验室和工程研究中心的目标。

二 发展层次逐步拉开

评分分类主要依据专家主导的现场核实分数和最终确认分数，并对评价分数按"优秀、良好、一般、基本合格、不合格"五个等级来划分。

（一）优秀层次

评价为"优秀"的创新平台共21家，其中国家地方联合层次13家，分别为金属先进凝固成形及装备技术国家地方联合工程实验室（云南）、微波能工程应用及装备技术国家地方联合工程实验室（云南）、病毒性传染病生物制品国家地方联合工程研究中心（云南）、花卉新品种开发与生产国家地方联合工程研究中心（云南）、西南中药材种质创新与利用国家地方联合工程研究中心（云南）、药用特种昆虫开发国家地方联合工程研究中心（云南）、天然药物活性筛选国家地方联合工程实验室（云南）、西南民族药新产品开发国家地方联合工程研究中心（云南）、冶金及化工行业废气资源化国家地方联合工程研究中心（云南）、干细胞与免疫细胞生物医药技术国家地方联合工程实验室（云南）、贵金属催化技术与应用国家地方联合工程实验室（云南）、锂离子电池及材料制备技术国家地方联合工程实验室（云南）、热带亚热带牛羊良种繁育国家地方联合工程研究中心（云南）；省级层次8家，分别为云南省夜视系统工程研究中心、云南省聚乳酸基功能材料工程实验室、云南省矿产资源预测评价工程实验室、云南省工业节能工程实验室、云南省木本食用油工程研究中心、云南省天然活性多肽工程实验室、云南省热带亚热带玉米工程研究中心、云南省特优畜产品精深加工工程研究中心（见表4-1）。

表4-1 云南省参评创新平台建设运行情况综合打分评价情况

序号	平台名称	分数	等级
1	金属先进凝固成形及装备技术国家地方联合工程实验室（云南）	97	优秀
2	微波能工程应用及装备技术国家地方联合工程实验室（云南）	97	优秀
3	病毒性传染病生物制品国家地方联合工程研究中心（云南）	96	优秀
4	花卉新品种开发与生产国家地方联合工程研究中心（云南）	96	优秀

续表

序号	平台名称	分数	等级
5	西南中药材种质创新与利用国家地方联合工程研究中心（云南）	95.5	优秀
6	药用特种昆虫开发国家地方联合工程研究中心（云南）	95.5	优秀
7	天然药物活性筛选国家地方联合工程实验室（云南）	95	优秀
8	西南民族药新产品开发国家地方联合工程研究中心（云南）	95	优秀
9	冶金及化工行业废气资源化国家地方联合工程研究中心（云南）	95	优秀
10	云南省夜视系统工程研究中心	95	优秀
11	云南省聚乳酸基功能材料工程实验室	93	优秀
12	云南省矿产资源预测评价工程实验室	94	优秀
13	云南省工业节能工程实验室	94	优秀
14	干细胞与免疫细胞生物医药技术国家地方联合工程实验室（云南）	92	优秀
15	贵金属催化技术与应用国家地方联合工程实验室（云南）	92	优秀
16	云南省木本食用油工程研究中心	91.5	优秀
17	云南省天然活性多肽工程实验室	91.5	优秀
18	云南省热带亚热带玉米工程研究中心	91	优秀
19	锂离子电池及材料制备技术国家地方联合工程实验室（云南）	91	优秀
20	热带亚热带牛羊良种繁育国家地方联合工程研究中心（云南）	90.5	优秀
21	云南省特优畜产品精深加工工程研究中心	90	优秀
22	大型精密数控机床国家地方联合工程研究中心（云南）	89.5	良好
23	云南省特色食用菌种质创新与高值利用工程研究中心	89.3	良好
24	天然橡胶良种选育与栽培技术国家地方联合工程研究中心（云南）	88.5	良好
25	云南省高原山区干线公路养护工程研究中心	88.5	良好
26	酶资源开发与应用国家地方联合工程研究中心（云南）	88	良好
27	云南省工程结构减隔震应用工程研究中心	87.5	良好
28	云南省金属矿尾矿资源二次利用工程研究中心	87	良好
29	云南省合成药物工程研究中心	86.5	良好
30	烟草废弃物资源综合利用国家地方联合工程研究中心（云南）	86	良好
31	云南省轨道交通大型养路机械工程研究中心	86	良好
32	云南省云计算工程研究中心	85.5	良好
33	云南省云无线接入与异构网络工程实验室	85.5	良好
34	云南省新型化肥工程研究中心	85	良好

续表

序号	平台名称	分数	等级
35	红球藻种质培育与虾青素制品开发国家地方联合工程研究中心（云南）	85	良好
36	云南省应用天文技术工程实验室	84.75	良好
37	云南省木质复合材料工程研究中心	83.8	良好
38	云南省新能源发电消纳技术工程实验室	83.8	良好
39	云南省公路智能运输工程研究中心	83.5	良好
40	云南省茶树种质资源创新与配套栽培技术工程研究中心	83.5	良好
41	钛资源深加工国家地方联合工程研究中心（云南）	82.8	良好
42	远程医疗技术国家地方联合工程研究中心（云南）	82	良好
43	云南省高性能混凝土工程研究中心	81.8	良好
44	云南省海量语言信息处理工程实验室	81.5	良好
45	云南省超导电力设备技术工程实验室	81.3	良好
46	微生物菌种筛选与应用国家地方联合工程研究中心（云南）	80.8	良好
47	云南省滇台特色农业产业化工程研究中心	80.5	良好
48	云南省丛生竹资源高效利用工程研究中心	80.5	良好
49	云南省大气污染物协同控制和综合利用工程研究中心	80	良好
50	云南省三七农业工程实验室	80	良好
51	手性小分子药物制备及制剂技术国家地方联合工程研究中心（云南）	80	良好
52	云南省生物技术药物工程研究中心	79.5	一般
53	云南省蔬菜种质创新与配套产业技术工程研究中心	78.5	一般
54	云南省农业环境污染控制与生态修复工程实验室	78.3	一般
55	云南省普洱茶发酵工程研究中心	78.3	一般
56	云南省蚕桑育种与高效生产工程研究中心	78	一般
57	云南省多晶硅产业化关键技术工程研究中心	77.3	一般
58	云南省保护地生态文明建设工程研究中心	77	一般
59	云南省低纬高原稻区两系杂交水稻种业工程研究中心	77	一般
60	云南省矿冶重型装备工程研究中心	77	一般
61	云南省高原风电装备工程研究中心	77	一般
62	云南省畜禽遗传资源保护和种质创新工程实验室	75.5	一般
63	云南省民族特色养生理论与健康产品工程实验室	75.5	一般

续表

序号	平台名称	分数	等级
64	云南省泌尿系统肿瘤工程实验室	74.5	一般
65	云南省天然活性物质产业化工程研究中心	74	一般
66	云南省低品位复杂难处理铝土矿资源综合利用工程研究中心	73	一般
67	云南省生物质高效利用工程实验室	72.5	一般
68	云南省铜基及特种先进导电材料工程实验室	72	一般
69	云南省低纬高原杂交玉米产业化工程研究中心	71.8	一般
70	云南省可溶性固体钾盐矿工程研究中心	70	一般
71	云南省甾体激素工程研究中心	70	一般
72	云南省土地资源利用与保护工程实验室	69.3	基本合格
73	云南省土壤培肥与污染修复工程实验室	68	基本合格
74	云南省煤基新材料工程实验室	68	基本合格
75	三七资源保护与利用技术国家地方联合工程研究中心（云南）	61.3	基本合格
76	云南省植物提取物工程研究中心	61	基本合格
77	云南省电子锡焊料制备先进技术与应用工程研究中心	无	—
78	云南省三稀矿产资源勘查评价工程研究中心	无	—
79	云南省液态金属制备与应用工程研究中心	无	—
80	生物医学动物模型国家地方联合工程研究中心（云南）	无	—
81	云南省天然香精香料工程研究中心	无	—
82	云南省天然植物色素工程研究中心	无	—
83	云南省缓释制剂产业化工程研究中心	无	—

（二）良好层次

此次评价为"良好"的创新平台共30家，其中国家地方联合层次9家，分别为大型精密数控机床国家地方联合工程研究中心（云南）、天然橡胶良种选育与栽培技术国家地方联合工程研究中心（云南）、酶资源开发与应用国家地方联合工程研究中心（云南）、烟草废弃物资源综合利用国家地方联合工程研究中心（云南）、红球藻种质培育与虾青素制品开发国家地方联合工程研究中心（云南）、钛资源深加工国家地方联合工程研究中心（云南）、远程医疗技术国家地方联合工程研究中心（云南）、微生物菌种筛选与应用国家地方联合工程研究中心（云南）、手性小分子药物制备及制剂技术国家地方联合工程研究中心（云南）；省级层次21家，分别为云南省特色食用菌种质创新与高值利用工程研究中心、云南省高原山区干线公路养护工程研究中心、云南省工程结构减隔震应用工程研究中心、云南省金属矿尾矿资源二次利用工程研究中心、云南省合成药物工程研究中心、云南省轨道交通大型养路机械工程研究中心、云南省云计算工程研究中心、云南省云无线接入与异构网络工程实验室、云南省新型化肥工程研究中心、云南省应用天文技术工程实验室、云南省木质复合材料工程研究中心、云南省新能源发电消纳技术工程实验室、云南省公路智能运输工程研究中心、云南省茶树种质资源创新与配套栽培技术工程研究中心、云南省高性能混凝土工程研究中心、云南省海量语言信息处理工程实验室、云南省超导电力设备技术工程实验室、云南省滇台特色农业产业化工程研究中心、云南省丛生竹资源高效利用工程研究中心、云南省大气污染物协同控制和综合利用工程研究中心、云南省三七农业工程实验室（见表4-1）。

（三）一般层次

评价结果为"一般"的创新平台共20家，全部为省级层次，分别为云南省生物技术药物工程研究中心、云南省蔬菜种质创新与配套产业技术工程研究中心、云南省农业环境污染控制与生态修复工程实验室、云南省普洱茶发酵工程研究中心、云南省蚕桑育种与高效生产工程研究中心、云南省多晶硅产业化关键技术工程研究中心、云南省保护地生态文明建设工程研究中心、云南省低纬高原稻区两系杂交水稻种业工程研究中心、云南省矿冶重型装备工程研究中心、云南省高原风电装备工程研究中心、云南省畜禽遗传资源保护和种质创新工程实验室、云南省民族特色养生理论与健康产品工程实验室、云南省泌尿系统肿瘤工程实验室、云南省天然活性物质产业化工程研究中心、云南省低品位复杂难处理铝土矿资源综合利用工程研究中心、云南省生物质高效利用工程实验室、云南省铜基及特种先进导电材料工程实验室、云南省低纬高原杂交玉米产业化工程研究中心、云南省可溶性固体钾盐矿工程研究中心、云南省甾体激素工程研究中心（见表4-1）。

（四）基本合格层次

评价为"基本合格"的创新平台有5家，其中国家地方联合层次1家，为三七资源保护与利用技术国家地方联合工程研究中心（云南）；省级层次4家，分别为云南省土地资源利用与保护工程实验室、云南省土壤培肥与污染修复工程实验室、云南省煤基新材料工程实验室、云南省植物提取物工程研究中心（见表4-1）。

（五）不合格层次

评价为"不合格"的创新平台为0家（见表4-1）。

（六）其他

新认定的、不参与考核打分评价的创新平台有3家，分别为云南省电子锡焊料制备先进技术与应用工程研究中心、云南省三稀矿产资源勘查评价工程研究中心、云南省液态金属制备与应用工程研究中心。这3家工程研究中心均为2016年新命名的，经省发展改革委高技处同意，本次评估只对这3家平台进行运行核查，不做具体评估打分。

未提交评价材料的创新平台有4家，即生物医学动物模型国家地方联合工程研究中心（云南）、云南省天然香精香料工程研究中心、云南省天然植物色素工程研究中心、云南省缓释制剂产业化工程研究中心，原因是其主要团队成员发生变化、依托单位兼并重组、研究方向重大调整等，被视为自动放弃本次评价。

（七）总体评价

从上述情况看，创新平台总体运行良好，79家被评价创新平台中除2016年新认定的3家，其他100%达到合格以上等级。其中"优秀"占比26.58%，"良好"占比37.97%，"一般"和"基本合格"分别占比25.32%和6.33%，其他的占总数的3.8%。

从层次分布看，23家参加此次评价的国家地方联合工程研究中心/工程实验室评价全部为合格以上，其中共有13家被评价为"优秀"，占79家被评价平台的16.46%，占23家参评国家地方联合平台的56.52%；共有9家评价为"良好"，占79家被评价平台的11.39%，占23家参评国家地方联合平台的39.13%；评价为"一般"的没有；评价为"基本合格"的1家。56家参评的省级工程研究中心/工程实验室除未评分的3家外，评价全部为合格以上，其中"优秀"的有8家，占被评价平台总数的10.13%，占56家参评省级平台的14.29%；"良好"的有21家，占被评价平台总数的26.58%，占56家参评省级平台的37.5%；"一般"的有20家，占被评价平台总数的25.32%，占56家参评省级平台的35.71%；"基本合格"的有4家；没有不合格。

对比而言，国家地方联合层次的创新平台的优秀率明显高于省级层次平台，这与国家推进建立国家地方联合工程研究中心/工程实验室、提升区域产业技术创新体系的目标是一致的，同时也印证了省发展改革委在选择哪些省级平台上升为国家地方联合层次方面所开展的工作和所做出的推荐选择是卓有成效和符合客观情况的。

三 生物、材料和节能环保领域的平台表现突出

按照7个产业领域，对此次被评价的79个工程研究中心/工程实验室的评分结果进行分类统计。结果显示，从优秀平台的数量看，生

物医药、新材料和现代农业领域的最多；从优秀平台在各自产业领域内的占比看，节能环保、生物医药和新材料的优秀平台比重均超过了35%（见表4-2）。

表4-2 创新平台评价结果按产业领域统计情况

产业领域	总数	优秀	良好	一般	基本合格	不合格	其他
矿冶及新材料产业领域	17	6	3	4	1	0	3
生物医药和大健康产业领域	18	7	4	5	2	0	0
高原特色现代农业领域	24	5	10	8	1	0	0
信息产业领域	7	1	6	0	0	0	0
先进装备制造领域	4	0	2	2	0	0	0
节能环保领域	5	2	2	1	0	0	0
其他领域	4	0	3	0	1	0	0

四 创新平台的条件与能力建设情况

创新平台所具备的条件与能力是支撑其开展创新研发、关键技术攻关、中试验证和成果产业化的基础。

本次考核围绕创新平台的条件与能力建设情况，重点考察了经费投入、装备与设施条件、人才与队伍以及平台建设四个方面。

（一）经费投入

1. 研究与试验发展（R&D）投入强度远超全省平均水平

2014~2016年，被评价的云南78[①]家产业技术创新平台的研究与试验发展（R&D）投入总额约为14.56亿元（占云南省R&D投入总额的4.4%），平均每个平台3年累计投入均超过1866万元、年平均

[①] 说明：79家中，在分析时，剔除了未提供详细材料的云南省液态金属制备与应用工程研究中心。

投入均超过 622 万元。虽然这些工程研究中心/工程实验室的经费投入在云南全省 R&D 的投入中占比仅为 4.4%，但如果与全省 5300 余家科技活动（被）调查单位、每个单位年平均 209 万元的 R&D 投入相比较，工程研究中心/工程实验室平均 R&D 的投入强度是全省平均水平的 3 倍。

2. 研究与试验发展（R&D）投入持续增长

评价期的 2014~2016 年，被评价的云南省 78 家产业技术创新平台的 R&D 经费年均增长 52.77%，相比较同期云南省 R&D 年均增长的 19.41%，高出 33.36 个百分点。

从具体情况看，这 78 家工程研究中心/工程实验室，R&D 经费年均增长在 150% 以上的共计 6 家，包括：冶金及化工行业废气资源化国家地方联合工程研究中心（云南）、大型精密数控机床国家地方联合工程研究中心（云南）、云南省三七农业工程实验室、云南省保护地生态文明建设工程研究中心、云南省铜基及特种先进导电材料工程实验室、云南省电子锡焊料制备先进技术与应用工程研究中心。

R&D 经费年均增长率在 90%~150% 的共计有 7 家，高原特色现代农业（2 家）、生物医药和大健康产业（2 家）、矿冶及新材料产业（1 家）、信息产业（1 家）、节能环保（1 家）。这 7 家具体包括：西南民族药新产品开发国家地方联合工程研究中心（云南）、云南省工业节能工程实验室、云南省公路智能运输工程研究中心、微生物菌种筛选与应用国家地方联合工程研究中心（云南）、云南省农业环境污染控制与生态修复工程实验室、云南省多晶硅产业化关键技术工程研究中心、云南省天然活性物质产业化工程研究中心。

（二）装备与设施条件

1. 研究与试验仪器设备原值大幅增加

2014~2016 年，被评价的云南省 78 家产业技术创新平台在研究与试验仪器设备原值上的总投入额达 31.07 亿元，平均每个平台投入约 3983 万元，已超过国家地方联合工程研究中心/工程实验室相关研发设备原值不少于 3000 万元的"入门"要求。通过高强度的设施设备投入，这些创新平台的研究与试验条件得到了极大改善，为开展相关研究奠定了良好基础。

但从具体平台情况看，最高的云南省生物技术药物工程研究中心投入高达 3.8 亿元，次之的云南省可溶性固体钾盐矿工程研究中心近 2 亿元，最低的 3 家云南省低纬高原稻区两系杂交水稻种业工程研究中心、云南省低纬高原杂交玉米产业化工程研究中心、云南省土壤培肥与污染修复工程实验室，分别为 67.36 万元、56.54 万元和 50 万元。平台之间在设备设施投入上的巨大差距，一方面是由行业差异的客观性造成，如生物技术药物开发一直是世界科技前沿领域，投入高、风险大，而矿产资源开发研究则需要大量重型大型试验装备；另一方面则反映出工程研究中心/工程实验室的承担单位在提升试验设施条件上的认识差距。

2. 研究与试验仪器设备条件极大改善

2014~2016 年，被评价的云南省 78 家产业技术创新平台在评价期新增研究与试验仪器设备、软件固定资产价值总额达 10.32 亿元，每个平台平均投入约 1323 万元。投入最高的云南省生物技术药物工程研究中心为 19.45 亿元，最低的云南省电子锡焊料制备先进技术与应用工程研究中心仅为 42 万元，云南省三稀矿产资源勘查评价工程研究中心 2016 年获批后尚无投入。

3. 研发场地面积稳步增加

截至 2016 年底，被评价的云南省 78 家产业技术创新平台的研发场地面积合计达 274.86 万平方米。如果扣除计入的试验田面积和中试车间面积，合计研发场地面积也达到了约 34.88 万平方米，平均每个平台约 4472 平方米，已经超过国家地方联合工程研究中心/工程实验室不少于 2000 平方米研发场地面积的基本要求。研发场地面积的稳步增加既满足了大型试验设备装备落户的要求，也为这些平台拓展发展方向、研究领域和增加研究人员预留了空间。

（三）人才与队伍

1. 学术与技术带头人大量涌现

截至此次评价结束期 2016 年底，被评价的云南省 78 家产业技术创新平台的学术与技术带头人总数达到 279 人，平均每个平台约为 4 人。

78 家产业技术创新平台的总人数超过了 4000 人（占全省 R&D 人员的 5.36%），专职科技人员数量也达到了近 2200 人。如果平均到每个平台，总人数和专职科研人员数量也基本达到了国家地方联合工程研究中心/工程实验室不少于 50 人和 30 人的规定要求。

例如，病毒性传染病生物制品国家地方联合工程研究中心（云南）通过平台建设和承担项目，培育了 4 个省级创新团队，建设了 1 个院士工作站，培养了 8 位省级创新人才，另外还有博士生导师 6 人、硕士生导师 20 人、培养研究生 118 人。

在评估核查过程中明显可以看出，依托高校和科研院所的工程研究中心/工程实验室的人才团队建设明显好于依托企业的平台的人才团体建设。例如，依托玉溪市维和生物技术有限责任公司建设的"云南省植物提取物工程研究中心"和依托云南能投海装新能源设备有限公司建设的"云南省高原风电装备工程研究中心"，符合评估指标要求的学术与技术带头人均为 0。这客观上反映出企业对培养和引进创新技术人才，搭建相关创新技术团队的认识还有待提高。

2. 省厅级以上创新团队数量大幅增加

截至此次评价结束期 2016 年底，被评价的云南省 78 家产业技术创新平台拥有省级和厅级以上创新团队 91 个，其中国家级创新团队 10 个、省级创新团队 75 个、厅级创新团队 6 个。这些创新团队中包括了在国内具有很高知名度的昆明理工大学彭金辉教授领衔的微波冶金团队、杨斌教授领衔的真空冶金团队，云南省药物所朱兆云研究员领衔的西南民族药新产品开发团队、医学生物所李琦涵研究员领衔的病毒性传染病生物制品研发团队，云南农业大学杨生超教授领衔的西南中药材种质创新团队等。

（四）平台建设

1. 院士或博士后工作站授牌

截至此次评价结束期2016年底，被评价的云南省78家产业技术创新平台的高层次（高素质）人才工作站授牌总数量为91个，平均每家平台有超过1个。在已授牌工作站中，院士工作站35个，占比38.5%，博士后工作站15个，占比16.5%，其他类型专家工作站41个，占比45%。

2. 海外或其他省区市设立合作研发机构数

2014~2016年，被评价的云南省78家产业技术创新平台在海外或其他省区市设立合作研发机构的数量为99个。其中海外设立合作研发机构1个，在云南以外的其他省区市设立合作研发机构98个。

五 创新平台成果与贡献情况

创新平台成果与贡献情况包括研究与试验发展活动情况、创新成果产出、行业贡献情况三个主要方面。

（一）开展研究与试验发展活动

研究与试验发展活动的评价包括在研科技项目数量及到位经费情况、评价期内新增国家级和省级研发项目数。

1. 在研科技项目数量及到位经费情况

被评价的云南省78家产业技术创新平台在研科技项目（不含技改

项目）的总数为 1799 项，其中生物医药和大健康产业领域以 749 项在研科技项目居首位，占总量的 41.63%（见图 4-1）。

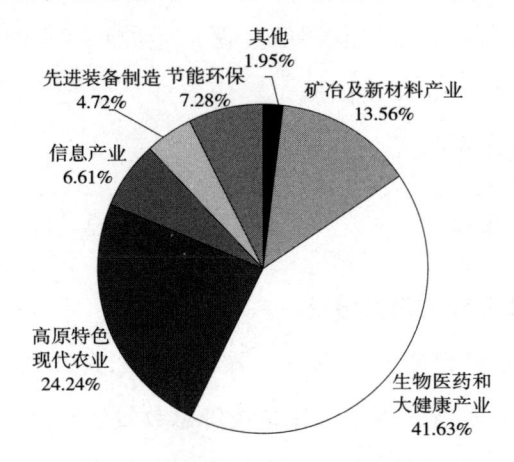

图 4-1 在研科技项目的产业领域分布

从科研经费到位情况看，到位经费总计 129727 万元，其中生物医药和大健康产业领域的经费到位情况最好，占总到位经费的 61.53%（见图 4-2）。

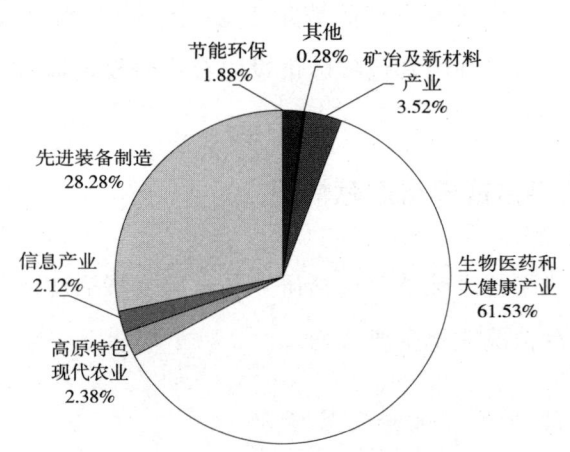

图 4-2 到位经费的产业领域分布

被评价的云南省 78 家产业技术创新平台中，在研科技项目数量最多的 3 家平台分别是病毒性传染病生物制品国家地方联合工程研究中心（云南）、西南民族药新产品开发国家地方联合工程研究中心（云南）、手性小分子药物制备及制剂技术国家地方联合工程研究中心（云南），3家都属于生物医药和大健康产业领域，其在研科技项目数分别是300项、130项、71个项。78家平台在研科技项目数量的均值为23项。

在研科技项目到位经费最多的3家平台分别是云南省轨道交通大型养路机械工程研究中心、病毒性传染病生物制品国家地方联合工程研究中心（云南）、云南省高原风电装备工程研究中心，其到位经费分别是19509万元、18000万元、16542万元。78家平台在研科技项目到位经费的均值为1663万元。

2. 评价期内新增国家级和省级研发项目数

被评价的云南省78家产业技术创新平台在评价期内新增国家级和省级研发项目数共计980项，其中新增国家级研发项目357项，新增省级研发项目623项。生物医药和大健康产业领域在评价期内新增国家级和省级研发项目分别为110项和154项，居于首位；排名第二位的是高原特色现代农业领域，评价期内新增国家级和省级研发项目分别为69项和160项；排名第三位的是矿冶及新材料产业领域，评价期内新增国家级和省级研发项目分别为85项和141项；节能环保领域以总数112项（国家级70项、省级42项）位居第四；信息产业领域以总数91项（国家级17项、省级74项）位居第五；先进装备制造领域以总数39项（国家级5项、省级34项）位居第六；其他领域新增项目总数最少，为19项（国家级1项、省级18项）（见图4-3）。

在被评价的云南省78家产业技术创新平台中，评价期内新增国家级研发项目数最多的4家平台分别是云南省保护地生态文明建设工程研究中心、病毒性传染病生物制品国家地方联合工程实验室（云南）、微波能工程应用及装备技术国家地方联合工程研究中心（云南）、锂离子电池及材料制备技术国家地方联合工程实验室（云南），其新增国家级研发项目分别是44项、28项、25项和25项，远超78家平台评价期内新增国家级研发项目数的均值（5项）。

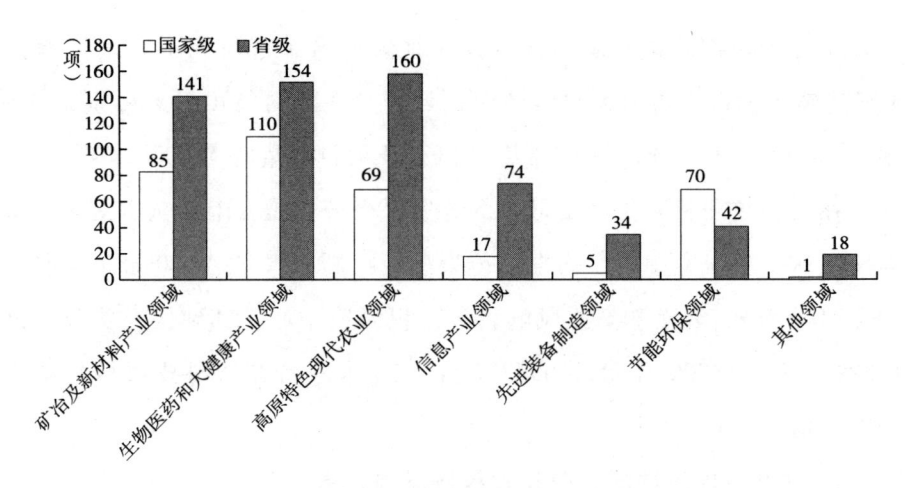

图 4-3 评价期内新增国家级和省级研发项目情况

被评价的云南省78家产业技术创新平台中,评价期内新增省级研发项目数最多的3家平台分别是病毒性传染病生物制品国家地方联合工程研究中心（云南）、西南民族药新产品开发国家地方联合工程研究中心（云南）、微波能工程应用及装备技术国家地方联合工程实验室（云南），其新增省级研发项目分别是52项、36项和51项，远超78家平台评价期内新增省级研发项目数的均值（8项）。

（二）创新成果产出

创新成果产出的考核内容主要包括知识产权成果、国家级和省部级科技奖励、主持或参与标准制定数量、高层次收录论文数量四个方面。

1. 知识产权成果

被评价的云南省78家产业技术创新平台在专利授权、软件著作权、新品种审定、新药临床（生产）批件、新工艺、新方法、新产品的产出方面硕果累累，总计达1382项。高原特色现代农业领域产出成果350项，占总成果的25.33%；生物医药和大健康产业领域产出成果345项，占比24.96%；矿冶及新材料产业领域产出成果246项，占比17.8%；节能环保领域产出成果150项，占比10.85%；先进装备制造领域产出成果 146 项，占比 10.56%；信息产业领域产出成果 94 项，占比 6.8%；其他领域产出成果 51 项，占比 3.69%（见图 4-4）。

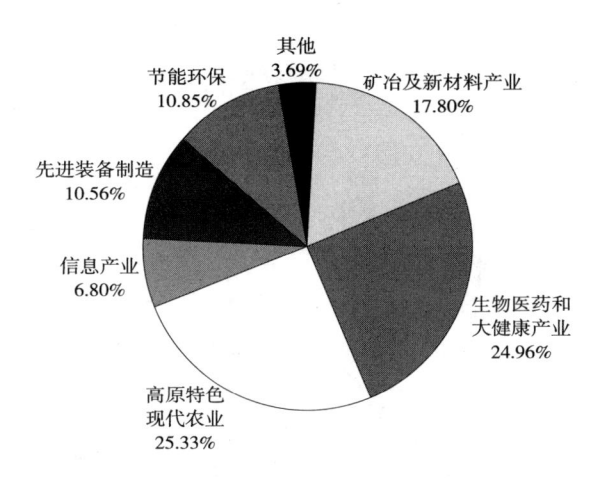

图 4-4 科技成果产出的产业领域分布

在被评价的云南省 78 家产业技术创新平台中，专利授权、软件著作权、新品种审定、新药临床（生产）批件、新工艺、新方法、新产品的产出成果最多的，是先进装备制造领域的云南省轨道交通大型养路机械工程研究中心，共计 100 项，是平均值的 5.6 倍；其次是矿冶及新材料产业领域的钛资源深加工国家地方联合工程研究中心（云南），共计 79 项，是平均值的 4.5 倍；再次是节能环保领域的云南省工业节能工程实验室，共计 60 项，是平均值的 3.4 倍；最少的是生物医药和大健康产业领域的三七资源保护与利用技术国家地方联合工程研究中心（云南）共计 1 项，仅为平均值的 5.6%。

2. 国家级和省部级科技奖励

被评价的云南省 78 家产业技术创新平台荣获国家级和省部级科技奖励共 273 项，其中国家级科技奖 43 项，省部级科技奖 230 项。获奖排名第一的领域是高原特色现代农业领域，共 89 项（国家级 16 项、省部级 73 项）；第二是生物医药和大健康产业领域，共 57 项（国家级 8 项、省部级 49 项）；第三是节能环保领域，共 34 项（国家级 7 项、省部级27项）；并列第四是矿冶及新材料产业领域，共33项（国家级10项、省部级23项），信息产业领域，共33项（国家级1项、省部级32项）；第六是先进装备制造领域17项（国家级1项、省部级16项）；第七是其他领域，共计10项（国家级0项、省部级10项）（见图4-5）。

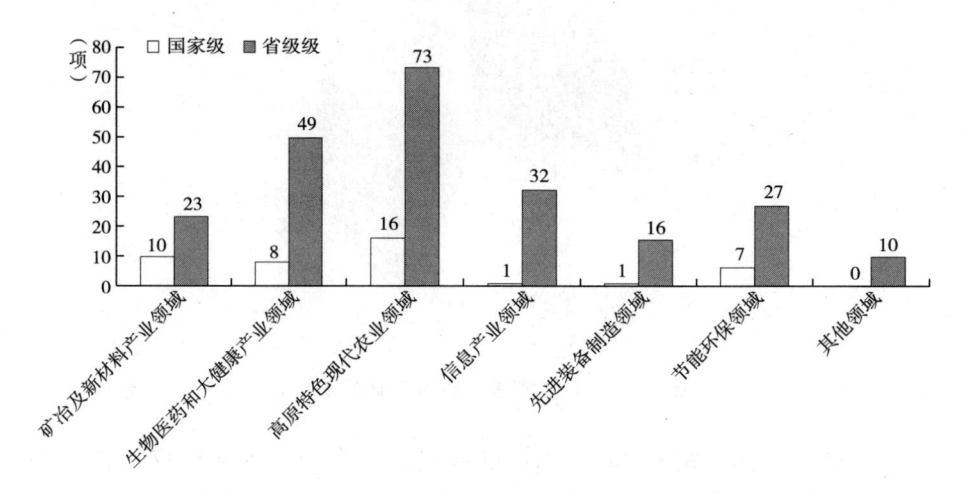

图4-5 国家级和省部级科技奖励的产业领域分布

被评价的云南省78家产业技术创新平台中，获得国家级和省部级科技奖励最多的分别是生物医药和大健康产业领域的病毒性传染病生物制品国家地方联合工程研究中心（云南）（20项省部级）、节能环保领域的云南省大气污染物协同控制和综合利用工程研究中心（7项国家级），分别为所有创新平台获得省部级科技奖励平均值的6.8倍和获得国家级科技奖励的12.7倍。其次是信息产业领域的云南省夜视系统工程研究中心（11项省部级）、高原特色现代农业领域的云南省特优畜产品精深加工工程研究中心（10项省部级、6项国家级），以及矿冶及新材料产业领域的微波能工程应用及装备技术国家地方联合工程实验室（云南）（4项国家级）。

3. 主持或参与标准制定数量

被评价的云南省78家产业技术创新平台主持或参与标准制定的数量为192次，其中高原特色现代农业领域有50次，生物医药和大健康产业领域有49次，矿冶及新材料产业领域有39次，先进装备制造领域、节能环保领域、其他领域和信息产业领域分别有17次、14次、12次和11次（见图4-6）。

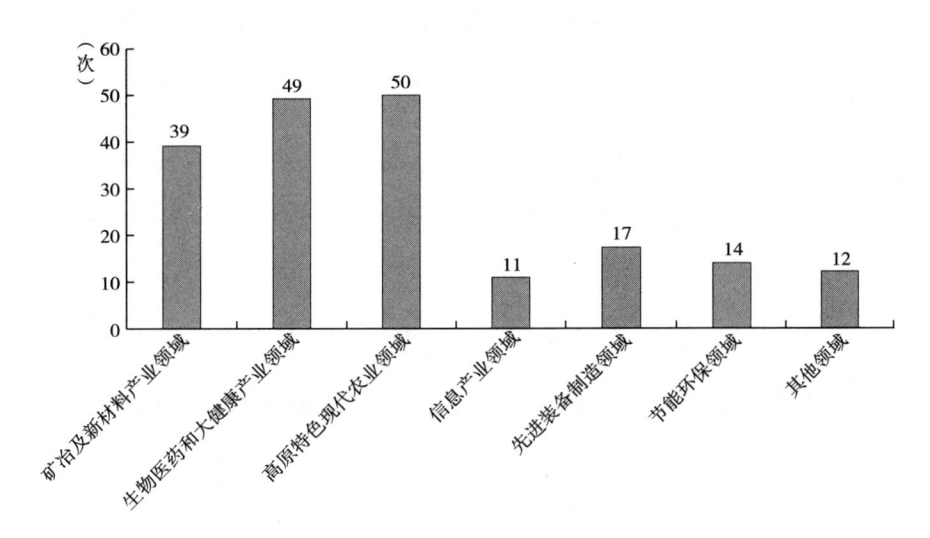

图4-6 主持或参与标准制定的产业领域分布

从单个创新平台分析，生物医药和大健康产业领域的西南民族药新产品开发国家地方联合工程研究中心（云南）主持或参与标准制定11项，为平均值的4.47倍，成为民族医药行业的"标兵"；其次是云南省合成药物工程研究中心和云南省多晶硅产业化关键技术工程研究中心，主持或参与标准制定均为9项，为平均值的3.66倍。

4. 高层次收录论文数量

被评价的云南省78家产业技术创新平台的理论成果丰厚，高层次收录论文共1688篇。七大领域中，矿冶及新材料产业领域的高层次收录论文数量最多，达485篇，占比28.73%；高原特色现代农业领域有416篇，占比24.64%；生物医药和大健康产业领域有397篇，占比23.52%；节能环保领域有153篇，占比9.06%；信息产业领域有123篇，占比7.29%；先进装备制造领域有90篇，占比5.33%；其他领域有24篇，占比1.42%（见图4-7）。

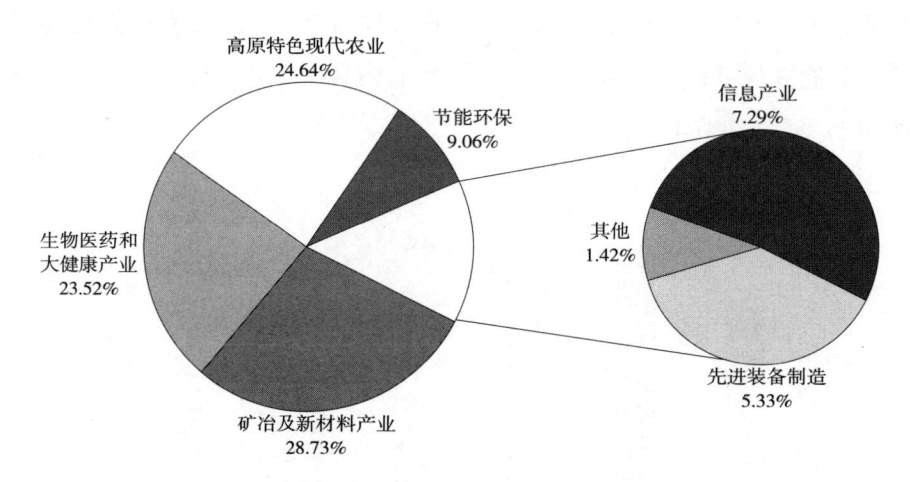

图 4-7 高层次收录论文的产业领域分布

在 78 家创新平台中,锂离子电池及材料制备技术国家地方联合工程实验室(云南)和微波能工程应用及装备技术国家地方联合工程实验室(云南)代表矿冶及新材料产业领域持续发力,功勋卓著,高层次收录论文分别为 194 篇和 119 篇。生物医药和大健康产业领域的天然药物活性筛选国家地方联合工程实验室(云南)高层次收录论文为 104 篇,居第三位。

(三)行业贡献

行业成果包括技术成果转移转让、成果转化收入、技术服务收入、对行业的直接经济效益、为行业或地区培养人才情况五方面内容。

1. 技术成果转移转让

被评价的云南省 78 家产业技术创新平台的技术成果转移转让数量共 891 项。其中,高原特色现代农业领域的技术成果转移转让数量达 639 项,占比 71.72%。其他六个领域的技术成果转移转让数量明显落后于高原特色现代农业领域,所占比重较小。矿冶及新材料产业领域 89 项,占比 9.99%;生物医药和大健康产业领域 64 项,占比 7.18%;信息产业领域 36 项,占比 4.04%;先进装备制造领域 34 项,占比 3.82%；节能环保领域 26 项，占比 2.92%；其他领域 3 项，占比 0.34%（见图 4-8）。

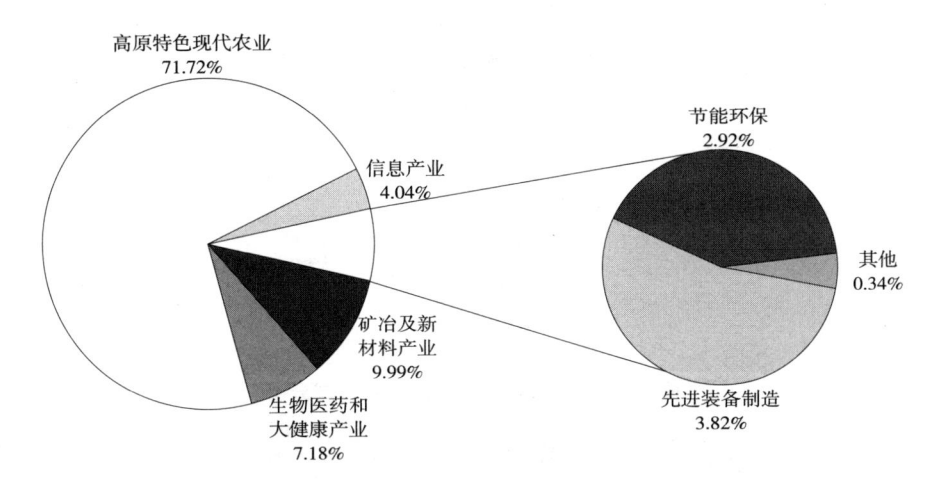

图 4-8 技术成果转移的产业领域分布

被评价的云南省 78 家产业技术创新平台中，技术成果转移转让数量最多的 3 家平台分别是云南省低纬高原稻区两系杂交水稻种业工程研究中心、云南省轨道交通大型养路机械工程研究中心、云南省夜视系统工程研究中心，其分别拥有 550 项、26 项和 17 项。被评价的云南省 78 家产业技术创新平台的技术成果转移转让数量的平均值为 11 项。

2. 成果转化收入

被评价的云南省 78 家产业技术创新平台的成果转化总收入达 54.23 亿元。生物医药和大健康产业领域 14.19 亿元，占比 26.17%；矿冶及新材料产业领域 13.47 亿元，占比 24.84%；节能环保领域 8.29 亿元，占比 15.29%；其他领域 7.02 亿元，占比 12.94%；先进装备制造领域 6.78 亿元，占比 12.50%；高原特色现代农业领域 3.5 亿元，占比 6.45%；信息产业领域 0.98 亿万元，占比 1.81%（见图 4-9）。

被评价的云南省 78 家产业技术创新平台中，成果转化收入最多的 3 家平台分别是贵金属催化技术与应用国家地方联合工程实验室（云南）、云南省工程结构减隔震应用工程研究中心、手性小分子药物制备

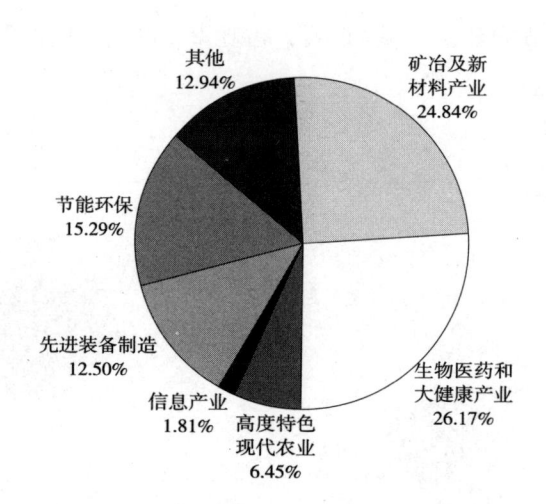

图4-9 成果转化收入的产业领域分布

及制剂技术国家地方联合工程研究中心（云南），其成果转化收入分别为10.5亿元、6.9亿元和4.98亿元。被评价的云南省78家产业技术创新平台的成果转化收入的平均值为6953万元。

3. 技术服务收入

被评价的云南省78家产业技术创新平台的技术服务总收入达15.57亿元。生物医药和大健康产业领域8.53亿元，占比54.78%；信息产业领域3.28亿元，占比21.07%。其他五个领域与前两者差距较大，节能环保领域9761万元，占比6.27%；高原特色现代农业领域7757万元，占比4.93%；矿冶及新材料产业领域7513万元，占比4.83%；其他领域7355万元，占比4.72%；先进装备制造领域5281万元，占比3.39%（见图4-10）。

被评价的云南省78家产业技术创新平台中，技术服务收入最多的3家平台分别是云南省生物技术药物工程研究中心、远程医疗技术国家地方联合工程研究中心（云南）、云南省工程结构减隔震应用工程研究中心，其收入分别是7.3亿元、2.55亿元和6948万元，远超被评价的云南省78家产业技术创新平台的技术服务收入均值（1997万元）。

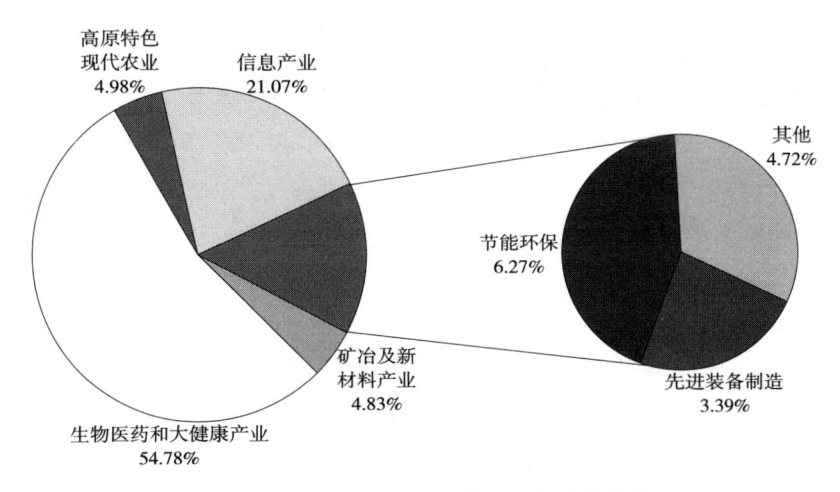

图 4-10　技术服务收入的产业领域分布图

4. 对行业的直接经济效益

被评价的云南省 78 家产业技术创新平台对全社会的直接经济效益达 672.25 亿元。节能环保领域 294 亿元，占比 43.73%；生物医药和大健康产业领域 127.5 亿元，占比 18.97%；高原特色现代农业领域 101.5 亿元，占比 15.1%；矿冶及新材料产业领域 86.65 亿元，占比 12.89%；先进装备制造领域 34 亿元，占比 5.06%；信息产业领域 24 亿元，占比 3.57%；其他领域 4.6 亿元，占比 0.68%（见图 4-11）。

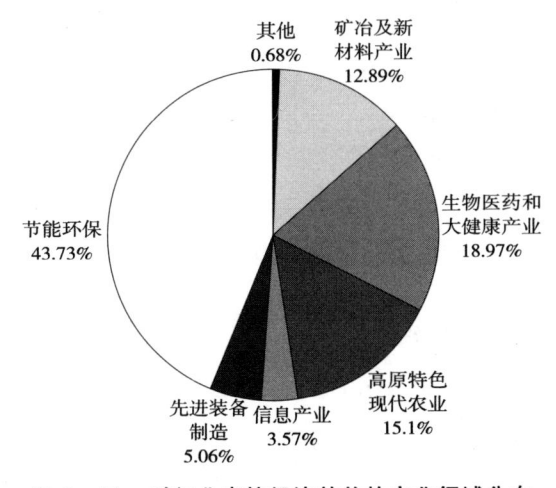

图 4-11　对行业直接经济效益的产业领域分布

被评价的云南省78家产业技术创新平台中，对各自行业产生经济效益最多的3家平台分别是云南省合成药物工程研究中心、云南省矿产资源预测评价工程实验室、云南省工业节能工程实验室，其对各自行业产生的效益额分别是60亿元、50.77亿元、25.64亿元，远超被评价的云南省78家产业技术创新平台经济效益额的均值（8.62亿元）。

5. 为行业或地区培养人才情况

被评价的云南省78家产业技术创新平台共为行业或地区培养人才40204人，其中高原特色现代农业领域培养了13896人，先进装备制造领域培养了10813人，生物医药和大健康产业领域培养了6535人，矿冶及新材料产业领域培养了4604人，信息产业领域培养了2172人，节能环保领域培养了1549人，其他领域培养了635人（见图4-12）。

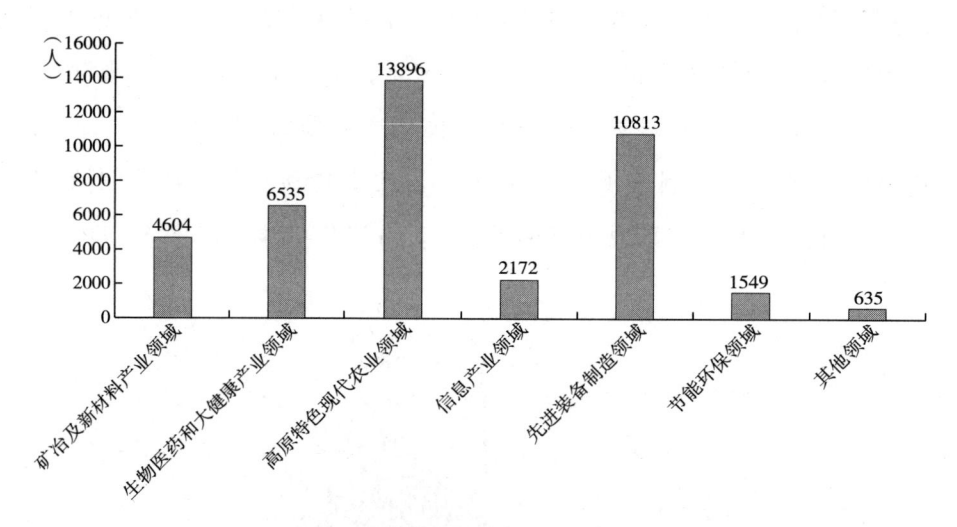

图4-12 培养人才的产业领域分布

被评价的云南省78家产业技术创新平台中，为行业或地区培养人才最多的3家平台分别是云南省轨道交通大型养路机械工程研究中心、云南省特色食用菌种质创新与高值利用工程研究中心、云南省农业环境污染控制与生态修复工程实验室，其对各自行业或所在地区培养的人才数量分别为1万人、5311人和2710人，远超被评价的云南省78家产业技术创新平台培养人才数量的均值（515人）。

（四）创新平台的创新环境建设

云南省产业技术创新平台的创新环境建设情况主要包括发展规划和研究目标的制定、平台管理规章制度、创新合作及成果转化机制、人才培引和激励机制四个方面。

1. 发展规划和研究目标的制定

虽然此次评价整体成绩较好，但仍然存在一些问题。根据汇报材料、现场核实情况，发展规划和研究目标的制定大致分为"比较完善"、"完善"和"一般"三类。

发展规划和研究目标的制定为"比较完善"的创新平台有17家。这些平台的发展目标十分清晰，发展规划详细，凝练了4个技术研发方向；工程实验室目标、功能和任务的规划十分恰当，既有利于该平台的发展，又能促进产业的发展。

被评价的云南省78家产业技术创新平台中，大多数平台发展规划和研究目标的制定为"完善"。这些平台在叙述发展规划和研究目标时信息不太完善，主要表现为发展规划叙述不清楚或研究目标叙述模糊。以云南省三七农业工程实验室为例，该工程实验室的报告中只叙述了平台发展规划，但并未详细叙述研究目标的制定。

被评价的云南省78家产业技术创新平台，发展规划和研究目标的制定为"一般"的占少数。这些平台的发展规划和研究目标的制定不完善，甚至出现了发展规划和研究目标制定混乱的情况。

总体来看，所有创新平台都制定了发展规划和研究目标，都有利于创新平台的成长和所属行业的发展。

2. 平台管理规章机制

总体而言，被评价的云南省78家产业技术创新平台的管理规章制度基本完善，运行态势平稳。各创新平台通过建立有效的运行管理机制，确保产业技术创新平台更好地开展技术研发和成果的转化工作，各创新平台通过多年建设，已建立和完善一系列理事会章程、中心组织机构设置、资源共享制度及有关科研、人事、设备等方面的管理办法和激励机制，有力地促进了各创新平台的管理运行，在此项评估中都获得 2 分。这一系列的相关制度、管理办法等为推进科技创新发展、大众创业、万众创新、创新驱动发展目标的实现奠定了制度和政策基础。

然而，评估中我们也发现各创新平台在管理规章制度的设置上还是略有不同。

第一，有些单位比较重视平台管理运行制度的建设，对平台资产使用、聘用人员及考核等重大问题都制定了具体的管理办法。例如，云南省合成药物工程研究中心在成立之初就建立了平台管理章程，后又根据工程研究中心的实际运行情况，于 2015 年对章程进行了部分修订，形成了现行的《云南省合成药物工程研究中心章程 KPC – RD1. 42B – 2015（R）》，用以指导工程研究中心日常管理工作。其工程研究中心的机构设置、各机构职责、工程研究中心的运行机制都清晰、详细。工程研究中心逐步建立和完善了相应的组织制度、分配制度、人事制度、市场运作制度、财务制度、仪器设备管理制度、奖励制度等，从而实现了严格的制度管理机制，为工程研究中心各项合成药物的研发奠定了坚实的基础。

第二，有些单位对平台管理运行制度的建设只是基本符合要求。例如，云南省多晶硅产业化关键技术工程研究中心建立健全了"开放、流动、联合、竞争"的运行机制，按照"产业目标、开放创新、科学评价"的运行模式开展工作，实行项目负责制、目标责任制、利益联结制的运行机制，营造良好的发展环境。

第三，有些单位对平台管理运行制度的建设则较为简单，在所提供的平台建设和运行情况总结报告中仅提到一些管理制度架构。例如，云南省蚕桑育种与高效生产工程研究中心虽然建立了一整套较为完整的管理体系，主要包括工程中心章程、管理委员会工作职责、学术委员会工作职责、中心日常管理制度、财务管理制度、知识产权使用细则、高级人才引进与管理细则、仪器设备使用制度等，但其具体细则较为简单，对于形成良好科研氛围、提高科研人员积极性的效果一般。

通过对上述有代表性的3家创新平台管理规章制度的相关分析可以看出，各创新平台都在积极探索有利于科技创新的新型科研组织形式和管理模式，建立并完善了开放管理体制和运行机制，提高了各创新平台的开放运行管理能力和成果转化水平。

3. 创新合作及成果转化机制

被评价的云南省78家产业技术创新平台的创新合作及成果转化机制运行态势良好，在平台建设过程中按照"整合、集成、共享、提升"的要求，充分调动行业龙头骨干企业、科技中介机构、高等院校和科研院所等各方面的积极性，通过跨单位、跨部门、跨地区的组合，有效整合了各方资金、人才、设备、信息等科技资源，提升了平台的建设水平，在此项评估中各家都获得了3分。随着各产业日趋激烈的竞争，产学研合作创新能力已成为一个产业长远发展的核心竞争力。

然而，评估中也发现了创新平台在创新合作和成果转化机制方面存在着差异。

第一，有些单位的创新平台从建设开始就把对创新合作及成果转化机制作为重要的建设内容，平台有详细的产学研合作机制，项目成果转化清晰可查。例如，云南省多晶硅产业化关键技术工程研究中心实行产学研合作研发机制，由企业出资建立具有特定功能的专业实验室进行科学研究，出资企业可以以技术委员会成员的身份参与监管工作；企业每年向工程研究中心资助一定数量的预研经费，由工程研究中心开展项目的初步研究，待项目导入时优先考虑该企业，实现工程研究中心与企业真正意义上的合作，并将科研成果顺利转化。该工程研究中心实行项目负责制、责任制目标管理、评价机制、过程管理、资金管理、信息管理、产学研结合资源共享机制等，为该工程研究中心的项目运行和发展提供了良好的条件。

第二，有些单位的创新平台对创新合作及成果转化机制比较重视，并在实践中不断发展完善。例如，云南省热带亚热带玉米工程研究中心的发展方向和主要任务具有鲜明的开放性和国际化特征，具有多学科融合交叉的本质属性，因此把产学研合作机制作为建设的重要内容。鉴于农业现代化离不开各级政府的支持、现代生物技术的支撑，所以工程研究中心始终视服务当地"三农"为己任，加强与地方政府联系，重视与东盟国家政府层面上的合作；工程研究中心紧密依托云南农业大学和西南大学国家工程实验室的技术优势，在相关领域取得明显成效。该工程研究中心在成果转化中坚持市场需求导向和公司化运作，通过昆明金耕种子有限公司建立热带亚热带玉米产业联盟，以联盟的5家制种企业为核心，实现了良种生产、示范推广和提供生产性技术服务；与东南亚企业广泛合作，实现工程研究中心的技术转移和成果转化。

第三，有些单位对创新合作及成果转化机制没有详细的阐述，把产学研合作简单地等同于创新合作，成果转化机制不清晰。比如西南中药材种质创新与利用国家地方联合工程研究中心（云南），仅提到了与产业实体在产学研合作方面建立广泛的技术交流与合作关系，在与企业的合作、与科研院所的合作、与合作组织的合作中也只是说明了存在长期合作关系，但具体有哪些合作成果以及成果如何转化为生产力则没有说明。

总的来说，各创新平台为了将科技成果向现实生产力转化，推进科技与经济、社会协调发展，制定了创新合作及成果转化激励奖励的制度，大力鼓励科研人员积极参与到科技成果转化的队伍中，使专利成果得到一定程度的转化，为产品产业化、工业化打下坚实的基础，科技成果转化机制运行良好，提高了企业的经济效益。

4. 人才培引和激励机制

此次评估的 78 家创新平台都制定了一整套高层次人才引进、管理、培养、考核的管理办法。具体包括以下两方面。

第一，人才培养合作机制：主要分为校企双方合作共建企业博士后工作站和研究生联合培养基地。

第二，高水平人才的吸引和稳定措施：主要分为建立首席科学家制度，加强科学研究平台建设，开展"借脑"运行体制，建立公平竞争的用人机制，"绩效优先、兼顾公平"的分配制度，稳定的人才培养体系，阶段性发展的倾斜政策。

但在人才培引和激励机制的具体做法方面，各个产业技术创新平台又不尽相同，主要表现如下几方面。

第一，有些平台以举办讲座、外出考察、送科研人员到高校或研究所培训等方式，提高技术人员的理论知识水平和实践操作水平。

第二，有些平台根据中心的发展方向，将技术人员的潜力和能力有机结合，形成一个以创新开发需要的知识结构为调整依据的创新体系，从而有效地为平台的发展做出贡献。

第三，有些平台逐年向外扩大招收国内重点院校的毕业生并给予培训学习和外出深造的机会，外聘专家、教授举办学术报告或授课，安排业内知名专家、总工程师做重点难点项目的介绍和讲座，不断提高科技人员的业务水平。

第四，有些平台建立了完善的人才培引和激励机制。通过建立自我激励的绩效分配机制，按需设岗、按岗考核、绩效分配，把员工的奖励性绩效分配同本人的贡献紧密结合起来，实行"奖勤罚懒，奖优罚劣"；通过实行科研项目制管理，项目负责人拥有相对独立的用人权、财权和物权，项目组可以根据课题需要自主选择研究人员。对于取得的成果，实验室将根据不同情况制定具体的分配方案，调动项目组整体的工作积极性；鼓励科研人员申报专利、论文发表和成果转化，根据取得成绩类型的不同，分别给予不同的绩效奖励。

以上是4种最具代表性的创新平台关于人才培引和激励机制的相关做法，虽然在具体做法上各不相同，但是都对人才培引和激励机制有关键性作用，对吸引省内外高端人才具有重要意义。

六 推动产业技术创新发展的明显成效

（一）矿冶及新材料产业领域

有色冶金和磷盐化工是云南的传统产业，而新材料产业是国家和云南省重点发展的战略性新兴产业。从产业链关系看，有色冶金和磷盐化工是前端，新材料则是中端和后端。因此，我们将矿冶和新材料作为一个整体性的产业领域来分析其技术创新体系建设的情况和发展成效。

2006年，云南省发展改革委争取到依托昆明理工大学建设的真空冶金国家工程实验室，使之成为国家中长期科技发展规划纲要建设的首批国家工程实验室之一。目前，云南省在矿冶和新材料领域已拥有省级以上的工程研究中心和工程实验室18个，占全省总量的20.7%。其中国家工程实验室1个，国家地方联合工程研究中心1个、工程实验室4个，省级工程研究中心8个、工程实验室4个。这些平台既包括黑色金属、有色金属和稀贵金属领域，也涉及无机矿物和有机材料领域，紧扣云南省的资源禀赋、产业基础和国际国内发展趋势，涵盖了从矿产资源的预测—勘查/勘探—选冶—材料制备—终端产品开发—资源二次利用，以及先进冶炼和加工装置/设备等的矿冶及新材料产业技术创新链的各个环节。其中，有色矿产资源的勘探技术、复杂共伴生矿的选冶技术、冶金先进装备技术达到国际先进水平。拉通这条完整的产业技术链可以为云南省加快发展新材料这一战略性产业、打造具有国际影响力的新材料产业链群、促进云南传统重化矿冶产业转型升级奠定坚实的基础。涌现出的一批代表国际、国内先进水平的技术成果和创新团队也支撑带动了与之密切相关的高端装备制造、电子信息制造和节能环保等产业的发展。

真空冶金国家工程实验室，奠定了我国真空蒸馏分离复杂二次元合金等金属矿资源的理论基础。"复杂锡合金真空蒸馏新技术与产业化应用"获2016年国家科技进步二等奖，突破了一系列基础理论和真空蒸馏分离复杂锡合金提纯金属锡关键工程技术难题，成果先后在全球锡生产龙头企业云锡集团等19家国内企业建成36条生产线；在美国、英国、西班牙建成6条生产线；42条生产线累计年处理复杂锡合金约15万吨。2005~2016年，累计新增销售收入超过400亿元；近3年的直接经济效益为185亿元，新增利税16.46亿元。

云南省矿产资源预测评价工程实验室，将盆地内重点成矿区（带）典型矿床成矿规律、大型和超大型隐伏矿床定位预测关键技术、矿床深部勘查集成技术、矿产资源快速评价技术集成应用到会泽、彝良等国际领先的大型铅锌锗基地，帮助云南省新增矿产资源储量数亿吨。

微波能工程应用及装备技术国家地方联合工程实验室（云南），紧扣物料的微波介电特性及模拟仿真、微波能应用技术、微波装备关键技术等研究方向，建立了物料微波介电特性测定平台、金属矿物和废渣等的微波电介质特性数据库，攻克了微波装备大型化、连续化、自动化和专用微波炉腔材料等20余项产业重大关键技术，实现了微波装备产业化应用，为合作企业带来经济效益超过50亿元，有力地促进了冶金工业的装备升级、节能减排和绿色发展。

金属先进凝固成形及装备技术国家地方联合工程实验室（云南），围绕新材料设计与应用、先进耐磨材料及技术应用、有色金属材料及深加工、金属材料增材制造4个研究方向，针对机械装备零部件制造和有色金属深加工对先进的凝固成形知识创新和原理性技术的迫切需求，进行关键基础理论研究和技术装备研发，突破了钢铁基耐磨材料组织控制与成形一体化等关键技术，在云南昆钢耐磨材料科技股份有限公司和云南昆钢重型装备制造集团公司建立了节能节材抗磨件制造等的工程化示范基地，复合材料凝固成形控制技术等相关专利成功转让，使行业的直接销售收入达到1.28亿元、利税1100余万元，为云南省发展高端装备制造产业提供了特殊功能要求新材料的基础性支撑。

钛资源深加工国家地方联合工程研究中心（云南），围绕氯化法钛白粉工程化技术、航空航天用海绵钛工程化技术、粉末冶金技术、钛产品检测技术等关键技术研究方向，建立了4个工程研究平台，形成了年产6万吨氯化法钛白粉、年产1万吨的航空航天海绵钛、氢化钛粉以及检测技术和标准制定等的完整产业技术工程化研发链条和成果转化体系，研发了沸腾氯化专用高钛渣、氯化钛白粉、航空航天用海绵钛等3个云南省重点新产品，制定修订国标4项、行标5项，带动企业实现直接经济效益6亿余元，有力促进了钛资源深加工领域战略性新兴产业的培育和发展。

贵金属催化技术与应用国家地方联合工程实验室（云南），围绕我国机动车废气排放控制、工业有机废气排放控制和化工反应过程控制领域产品技术升级和产业建设发展的迫切需求，在国内率先成功开发"汽油车国V高性能稀土催化材料和催化剂技术"和"国IV/V标准钒基SCR催化剂技术"等先进汽、柴油机尾气净化催化产品，制定国家标准2项、修订国家标准2项，并实现成果在上汽、五菱、东南、长安、柳汽、比亚迪、玉柴、云内、潍柴等国内主要客户市场60余个车型项目的转化应用，3年累计实现汽车催化剂销售292万升、销售收入10.5亿元，对促进我国国民经济可持续发展、实现资源高效利用、控制和减少PM2.5等大气污染物排放发挥了积极作用。

云南省铜基及特种先进导电材料工程实验室，在大型异型高导电铜排制备、连铸连轧高品质铜杆和高速列车接触线生产技术等方面实现重大突破和产业化，支撑云南省建立了国际先进水平的年产5万吨的上引连铸连续挤压大型异型高导电铜排生产线、年产 20 万吨连铸连轧高品质铜杆生产线以及高速列车接触线生产线，直接形成的铜基特种先进导电材料产品的年销售近 15 亿元；大容量钽电容器用 Ta – RuO$_2$ 阴极组件的开发及产业化打破了国外的技术封锁，有力推动了我国超级钽电容器的发展并满足了国防需求。

云南省聚乳酸基功能材料工程实验室，针对生物基材料由生物医学领域应用向国民生活多个领域逐步渗透和发展低碳经济、绿色经济的巨大市场需求，建立了生物基单体（生物基化学品）工程技术研究平台、生物基材料与制品研究平台及生化试剂、医用材料研究平台。通过攻克医用发光材料、体外诊断化学发光免疫分析系统、哌啶环的绿色制备、聚己内酯—聚乳酸复合材料、生物基膜材料等 10 余项可降解的有机新材料产业重大关键技术，带动企业实现直接经济效益超过 2700 万元，推动了生物基材料领域产业化的发展。

（二）生物医药和大健康产业领域

生物医药和大健康产业主要包括生物医药、医疗器械、健康产品、医疗服务、健康管理、养生保健等与人类健康密切相关的领域。加快发展生物医药和大健康产业，对稳增长、调结构、兴产业、促改革、惠民生和全面建成小康社会具有重要意义。云南作为生物资源、天然药物和民族医药资源最丰富的省份，具有区位、气候、环境、资源、文化、旅游等发展大健康产业的多重优势，产业发展广阔。云南省发展改革委一直高度重视生物医药和大健康产业的发展，"十一五"期间推动建立了"生物多样性可持续利用—昆明国家生物产业基地"，"十二五"期间率先提出了大生物医药和大健康产业的发展理念，出台了《云南省生物医药产业发展"十二五"规划》《云南省生物医药和大健康产业空间布局规划》等重要文件。围绕生物医药和大健康产业的创新突破与可持续发展，国家发展改革委和云南省发展改革委在该领域共布局了产业技术创新平台18个，其中国家地方联合工程研究中心7个、工程实验室2个，省级工程研究中心5个、工程实验室4个。这些工程研究中心/工程实验室涵盖了中药材种植加工、生物医药及保健品研发生产、医疗保健服务等产业链的各个环节，涉及药用资源挖掘、资源保护与利用、中药材种质创新、规范化种植、活性物质筛选与应用、提取分离、化学合成、民族药开发、疫苗和生物制品开发、昆虫药开发、干细胞治疗等各个细分产业领域；承担单位既包括中科院昆明植物所、昆明动物所，中国医科院医学生物学所等中央驻滇科研机构，又包括昆明医科大学及附属医院、云南中医学院及附属医院、云南农业大学、省农科院、省药物研究所等地方高校、科研院所、企业和医疗机构。这些平台的发展以新药研发为重点，整合全省生物医药领域创新资源，以原创性突破和二次资源开发为核心，提升新药研发水平。新药品种、新疫苗、中药饮片、提取物、保健品以及新技术、专利、标准的持续产出，有力地支撑了云南省生物医药工业在"十二五"期间年均20%的高速增长。

西南中药材种质创新与利用国家地方联合工程研究中心（云南），联合云南中药材种植领域的龙头企业，选育了三七、石斛、灯盏花、重楼、黄精、半夏等药用植物品种32个，建立种植规范规程30余项。其中灯盏花素专用型新品种千山1号、铁皮石斛新品种高山铁皮3号、灯盏花直播覆膜栽培技术等12项技术（品种）的应用新增经济效益近10亿元。

天然药物活性筛选国家地方联合工程实验室（云南），建设了全国最大的植物化合物库，在分子水平和细胞水平上建立了抗肿瘤、治疗神经退行性和精神性疾病以及抗感染天然药物活性筛选模型，建设完成了天然药物活性筛选技术平台、天然化合物库的制备工程化技术平台和先导化合物结构优化的工程技术平台。正在进行1个1类新药和1个5类新药的临床试验、6个候选分子的研究和工程化实验；获得专利授权32项（含国外2项），技术转让8项，成果转化收入达2350万元。

西南民族药新产品开发国家地方联合工程研究中心（云南），立足云南、面向西南，开展包括药品、保健食品、药妆、日化产品、原料等大健康产品在内的民族药新产品研发，重点解决民族药安全性评价、新剂型开发技术与工艺、提取分离新技术、质量标准研究及提升等产业关键共性技术。近3年来，获得药物生产批件3项，药物临床批件5项，注册受理通知书5项；获得国家医疗器械注册证或备案号33项、国家药用包装用材料注册证3项、工业产品生产备案号11款，完成保健食品、普通食品研发12项；为医药企业解决生产技术问题、进行上市品种二次开发，开展项目150余项。"低纬高原地区天然药物资源野外调查与研究开发"项目荣获2012年度国家科技进步一等奖。该工程研究中心已成为云南省民族医药开发最主要的开放性公共服务平台。

三七资源保护与利用技术国家地方联合工程研究中心（云南），首次完成了全省范围的三七资源普查，推进完成了云南省三七饮片功能主治的修订，参与了血塞通口服制剂国家药典标准的补充修订，推进一个独家品种进入国家医保目录，云三七通过7S道地保真中药材全程质量控制体系认证，发起实施三七产业知识产权战略联盟建设。"三七"和"三七种子种苗"两个标准获得了国际化标准组织（ISO）的立项。通过三七规范化标准化种植技术、基于自动化控制的三七综合提取等关键技术研究和产业化，带动企业和农户实现直接经济效益超过10亿元，有力地促进了三七产业健康持续发展。

药用特种昆虫开发国家地方联合工程研究中心（云南），围绕药用特种昆虫规模化与标准化养殖、昆虫生化物质活性筛选模型、昆虫药结肠靶向制剂和透皮吸收制剂技术、昆虫生物医药纳米制剂研发等产业关键技术研究方向，建立了昆虫药学宏观数据库、昆虫生化物质筛选平台、昆虫药物基因工程技术平台、产品验证技术平台，形成了从药用特种昆虫资源挖掘、新药和新剂型开发到原料昆虫养殖技术规范制定，再到新药和保健产品中试等的完整产业技术工程化研发链条和成果转化体系，攻克了胡蜂养殖和蜂王批量越冬关键技术、蜂毒经皮给药制剂等10余项产业重大关键技术，带动农户和企业实现直接经济效益超过10亿元，有力地促进了药用特种昆虫生物医药健康产品战略新兴产业的培育发展。

云南省天然活性多肽工程实验室，结合生物资源多样性和中药现代化研究的国家重大需求，建立了有毒动物中药功能成分的微量、非破坏性定向挖掘技术体系和高通量、高敏感的功能评价技术体系，向企业提供了大批的候选药物成果和技术支撑服务，药物品种开发产生的间接经济效益近2亿元。

红球藻种质培育与虾青素制品开发国家地方联合工程研究中心（云南），建立了雨生红球藻藻种资源深度挖掘和高效利用研发平台、产业化生产技术集成及工程化验证平台、质量控制和标准化研发平台、健康产品及精细化工产品研发平台、大型光生物反应器研制平台、技术服务中心平台，开发出虾青素系列新产品9个，参与制定国家标准2项，带动企业实现直接经济效益7599万元。

病毒性传染病生物制品国家地方联合工程研究中心（云南），围绕大规模细胞培养技术、大规模抗原纯化技术和抗原稳定技术等产业关键技术研究方向，建立了生物制品产业技术工程化研究平台和工程验证体系、安全性和有效性评价平台、质量控制技术平台以及细菌性疫苗产业技术工程化研究平台，形成了从创新疫苗研发、规模化生产到质量控制、安全性和有效评价等的完整产业技术工程化研发链条和成果转化体系。两个国家1类新药：全球首个使用减毒株制备的灭活疫苗——Sabin株脊髓灰质炎灭活疫苗和全球第一支预防手足口病疫苗肠道病毒71型灭活疫苗获批上市，创造13.7亿元产值，特别是EV71疫苗，有效提升了我国儿童手足口病的防控水平。

干细胞与免疫细胞生物医药技术国家地方联合工程实验室（云南），建立了干细胞与再生医学、免疫细胞治疗技术研究与临床转化应用平台，完成了"人脐带间充质干细胞注射液"的产品研发，建立了采集、制备、扩增、鉴定、临床制剂生产、储存、复苏、运输等关键技术体系和1个脐带间充质干细胞的公益示范库，6种细胞技术在多家单位应用并产生效益3.2亿元，对云南干细胞医疗健康产业发展起到了很好的引领作用。

云南省合成药物工程研究中心，与诺贝尔奖获得者屠呦呦教授团队以及云南大学、昆明医科大学等高校及科研院所合作开展新药创制。青蒿系列、天麻素系列产品的研发为企业实现直接经济效益超过60亿元。

手性小分子药物制备及制剂技术国家地方联合工程研究中心（云南），围绕"心脑血管、泌尿系统、骨骼肌肉、消化肝病、肿瘤及其辅助治疗"等五大治疗领域，建立了手性小分子药物的发现与成药性评价、手性小分子药物制备新技术研发、新型制剂技术研发和质量标准研究开发和产业化的高水平创新平台和工程化验证体系，获得新药证书1件、临床批件9件、生产批件3件，牵头制定国家标准8项，帮助企业实现直接经济效益超过15亿元。

（三）高原特色现代农业领域

云南地理气候立体、热量垂直分布、光热条件充足、水资源总量丰富，具有发展高原特色农业得天独厚的自然条件和生态环境。"十二五"期间，云南省立足区位优势和资源禀赋，创新发展思路，高原特色农业产业发展取得了阶段性成果，成为全国现代农业发展的典型模式之一。"十三五"时期，省委、省政府将高原特色现代农业产业列为八大重点产业之一加以推动。针对云南高原特色农业"大资源""小产业""弱效益"、产业化程度低、产前、产中及产后衔接不紧密等问题，云南发展改革委从优质品种研发、关键科技攻关、配套技术集成、高端产品开发等方面入手，布局了25个工程研究中心和工程实验室，占全省产业技术创新平台总量的28.7%。其中国家工程研究中心1个，国家地方联合工程研究中心7个、省级工程研究中心14个、工程实验室3

个。这些农业关键共性技术研发平台和创新服务平台涉及生猪、牛羊、蔬菜、中药材、茶叶、花卉、核桃、水果、咖啡、食用菌等十大重点产业发展的各个方向，基本涵盖了育种新材料的创制与育种新方法的研究、良种选育繁育、农产品精深加工、农林资源高效利用、废弃物资源化、农业产业化、农业生物制品与产业化、农林生态环境保护与控制、土地资源保护利用等产业链群和技术链条上的各个关键环节，成为云南农业科技创新的主力军，对推动云南省高原特色现代农业结构优化和综合效益提升，促进新品种、新技术、新模式、新机制"四新"协调和良种、良法、良壤、良灌、良制、良机"六良"配套，促进先进适用技术集成、示范、推广，加速农业产业化、现代化，推进供给侧结构性改革，打造"云茶""云菜""云花""云咖""云果""云药""云菌""云畜"等云系知名品牌，起到了积极作用。

农业生物多样性技术应用国家工程研究中心，是 2002 年国家第一批启动建设的国家级工程化研究平台。在朱有勇院士的带领下，在国际上创建了"水稻遗传多样性控制稻瘟病理论和技术"与"生物多样性控制植物病害理论"，构建了遗传多样性研究、农作物多样性营养、光热利用研究、农业多样性生理生化研究、农业生物多样性应用技术信息网络系统 4 个技术体系，奠定了生物多样性控制作物病虫害的理论和实践基础，一批应用多样性提高粮食产量、生态控制作物病虫害、减少农药用量保护生态环境的重大关键技术，在我国西南地区农业生产中发挥了重要作用。其研究成果受到了广大农民群众的欢迎和地方政府的重视以及国内外的高度关注和普遍认可。

花卉新品种开发与生产国家地方联合工程研究中心（云南），围绕我国野生花卉资源发掘和中国传统花卉自主知识产权品种研发，对产业关键环节技术进行研究组装集成，形成了主要花卉全产业链工程化体系和成果转化体系，攻克突破高产抗病新品种选育、主要花卉低耗高效繁育、肥水循环利用和精准种植、鲜花陆地运输全程冷链等产业 10 余项重大关键技术，获花卉新品种授权 27 个、专利授权 15 个，主持/参与行业及地方标准研制 14 项，转让/授权使用专利和品种 11 个，实现直接经济收入 7036 万元，带动农户和企业实现经济效益超过 15 亿元，引领了云南花卉产业技术的进步和创新升级。

天然橡胶良种选育与栽培技术国家地方联合工程研究中心（云南），围绕橡胶树品种选育与繁育、生态经济型山地胶园研究、橡胶树养分平衡与土壤管理、橡胶树病虫害预警与防控、安全高效采胶技术研发方向，形成了从新品种选育到生态高效栽培技术再到安全采胶技术等的产业技术体系和成果转化体系。近 3 年内，获得农药登记证 1 项、新品种 5 个、专利 8 件。通过对橡胶树高产抗寒新品种的推广、橡胶树病虫害防控与预测预报、山地胶园养分管理与高效利用等关键技术的推广应用，为示范企业节支增效 1.5 亿元，实现了农业部"把云南建设成为我国最大最好的天然橡胶产业基地"的目标。

热带亚热带牛羊良种繁育国家地方联合工程研究中心（云南），围绕热带、亚热带牛羊良种选育、繁殖技术，良种饲养与内源性污染调控技术，绿色饲草、饲料产业化技术研发等关键技术研究方向，完成了牛羊新品种及育种新材料创制技术、牛羊新品种扩繁技术、牛羊新品种选育技术和功能基因图谱和基因芯片技术的研发。通过科研成果的转化推广，企业实现直接经济效益 9987 万元（其中技术服务收入 1320 万元），有效地支撑了云南畜牧产业的升级发展，有力地带动了生物种业和高技术服务业的培育发展。

云南省木本食用油工程研究中心，搭建了从木本食用油料种质资源挖掘、优良品种选育到高效栽培技术，再到精深加工等的全产业链工程化研发和成果转化体系，3 年间获审认定良种、新品种 27 个、授权专利 11 项，制定行业、地方标准 8 项。通过核桃、油茶、油橄榄等木本油料良种以及丰产栽云南培、提质增效、低产低效林改造等技术的转化和推广，带动农户和企业实现直接经济效益达 2.17 亿元，有力地促进了木本油料产业健康持续发展。其中，核桃精深加工技术和新产品研发的突破更是为拓宽云南种植的 4000 多万亩核桃的出路和稳定农民收入提供了技术上的支撑。

云南省茶树种质资源创新与配套栽培技术工程研究中心，充分发挥云南丰富珍贵的茶树种质资源优势，全面系统地开展了大叶茶树种质资源保存研究和创新利用、茶树遗传改良、茶树绿色高效栽培与病虫害防控 3 个方向的重点研究。通过攻克低产茶园嫁接关键技术、推广茶园有害生物绿色防控、机采茶鲜叶等 10 余项产业重大关键技术，推广面积 67.62 万亩，带动农户和企业实现直接经济效益超过 5 亿元，有力地促进了云茶产业持续健康发展。其中，云南中低产茶园改造关键技术的突破对云南普洱、保山等传统茶叶产区转型升级和提质增效起到了重要作用。

云南省蚕桑育种与高效生产工程研究中心，搭建了从抗逆高产的桑品种和优质高产兼抗型蚕品种选育、桑树节水节肥减药高产管理技术、病虫害生态防控新技术、高值化加工和循环利用技术到新品种和新技术中试等的工程化技术研发链条。近 3 年来，育成新品种 4 个、获得授权发明专利 4 项、制定云南省地方标准 3 项。通过云南优质原料蚕茧生产关键技术、云南桑树规模化扦插技术创新与应用、云南桑园主要病虫害综合防控关键技术研发与集成应用等多项产业重大关键技术，带动农户和企业实现直接经济效益超过 10 亿元，有力地推进了云南蚕桑产业技术的进步和产业升级。

云南省热带亚热带玉米工程研究中心，针对热带、亚热带玉米产区的生态环境条件和气候资源条件，充分挖掘云南及周边国家（地区）的玉米种质资源，重点开展了热带、亚热带玉米种质资源的收集与评价、良种选育、集约化、规范化繁种，以及良种的高产栽培技术研究与集成，构建了育、繁、推一体化的玉米种质创新与示范推广体系，形成了具有自主知识产权的创新成果，创建了缅甸、老挝、马来西亚、印尼

4个国家认可的玉米研发创新团队,在缅甸、老挝、泰国、印度尼西亚、马来西亚建立海外国家级玉米研究基地6个,获得老挝审定的玉米品种2个、缅甸审定品种3个。通过国际化发展,成为面向南亚和东南亚最有影响力的玉米育种工程研究中心、具有国际影响力的技术转移和扩散基地,为保障国家粮食安全、培育生物育种战略性新兴产业、推动"一带一路"沿线国家和地区科技合作发挥了重要作用。

云南省畜禽遗传资源保护和种质创新工程实验室,建立了云南省畜禽遗传资源网、分子评价鉴定平台、胚胎工程技术平台、种质创新技术平台、现代养殖技术平台和成果中试基地,形成了从畜禽遗传资源评价、特色基因挖掘、种质保存、种质创新利用(新品种、新品系培育)到畜禽标准化规模养殖技术规程制定到畜禽新品种中试推广的技术体系,主持制定地方标准9项,获得授权发明专利3项,中试推广种羊3万余只。通过种质保存、创新利用、新品种培育、标准化养殖等10余项产业重大关键技术的研发与推广应用,带动农户和企业实现直接经济效益2亿元以上,有力地促进了畜禽种业及现代畜牧业的持续健康发展。

云南省木质复合材料工程研究中心,围绕木质复合材料的研发、工程木质材料的设计与应用、木竹复合材料的性能检测开展了系统的产业化应用技术研究,建成了木质复合材料专用胶粘剂省级重点实验室研发平台、生物质材料科技创新平台及中法联合研究重点实验室、国家林业局木材及木竹制品质量检验检测中心,参与完成了2项国标制定,获得授权发明专利10项,其中3项专利技术实现了技术转让应用,为相关企业实现经济收入2700多万元。通过专利技术许可使用、技术人才培训等方式,为木质复合材料加工行业培养了大批人才,有力地推动了骨干企业的发展和行业技术进步。

(四)信息产业领域

当今世界,互联网已经融入社会生活的方方面面,深刻改变着人们的生产和生活方式。"十三五"时期，以信息经济、智能工业、网络社会、在线政府、数字生活为主要特征的高度信息化社会将引领我国迈入转型升级的新时代。云南省推进信息产业发展具有生态优势、清洁能源优势、面向南亚和东南亚开放区位优势及人文优势。面对新一轮信息化浪潮，云南省如果继续缺席失语、错失发展良机，必将在全国新一轮区域竞争中被边缘化。2015 年起，云南省实施"云上云"行动计划战略，全力加快信息产业发展。在这个先导性战略产业领域，目前共有工程研究中心和工程实验室 9 个，包括国家工程实验室 1 个，国家地方联合工程研究中心 1 个，省级工程研究中心 3 个、工程实验室 4 个。涉及云计算、大数据、无线接入、医疗信息技术、智能交通、光电子、超导等产业热点和尖端领域。以这些产业技术创新平台为载体和媒介，云南省积极争取与谷歌、富士康、阿里巴巴、腾讯、百度、华为、中兴、浪潮等国际国内 IT 巨头合作，一方面加快打造昆明呈贡和滇中新区的信息产业基地，另一方面以信息技术和"互联网+"思维助推传统产业改造升级和新兴产业培育发展。

云南省夜视系统工程研究中心，紧扣红外器件材料、红外焦平面探测器、非制冷探测器、读出电路、微光像增强器、微通道板、面板、高压电压、OLED 微型显示器、夜视系统整机集成、微光与红外融合、图像处理技术等研究方向，建立了试验、测试、验证、设计仿真测试及分析等平台，主持了 4 个行业标准制定，获得 19 项发明专利，其中 17 项发明专利实现转让，与企业签订技术合同 6600 万元。通过攻克 2K×2K 红外探测器、光电倍增管（探测中微子）爱因斯坦探针（探测脉冲星 X 射线）等 20 余项重大关键技术，带动企业实现经济效益超过 20 亿元。通过平台支撑，极大地促进了军民融合与云南省光电子产业的发展壮大。

云南省海量语言信息处理工程实验室，围绕东南亚和南亚语言信息处理中的基础语料资源缺乏、语言分析、跨语言检索及机器翻译相关技术不成熟、相关应用产品缺乏等方面的问题，建成了面向东南亚和南亚海量语言信息存储计算平台、海量语言 Web 数据中心、语言信息处理与多语言机器翻译、跨语言检索和舆情分析的工程研究、开发与验证平台，开展了面向中文、东南亚和南亚国家语言的自然语言处理、多语言机器翻译、跨语言信息检索和舆情分析、机器学习与大数据分析等方面的研究，研发出可供产业化的原型系统。通过攻克面向东南亚国家语言特点的多语言机器翻译、跨语言信息检索和舆情分析等方面的关键技术，促进了云南省电子信息产业创新能力的提升、区域经济发展以及面向南亚和东南亚辐射中心的建设。

云南省公路智能运输工程研究中心，搭建了物联网应用平台、交通运输大数据平台、安全应急保障平台、交通运输信息服务平台，帮助行业部门建设了"七彩云南智慧出行云服务平台""云南省公路智慧运输体系"和"云南省综合智慧交通大数据中心"；获得软件著作权 16 项、制定地方标准 3 项；为行业提供专业培训近 700 人次；多个项目成果在云南省高速公路机电建设施工、公众出行服务等方面获得应用，项目成果转化收入超过 2100 万元。

云南省云无线接入与异构网络工程实验室，围绕新一代无线通信系统及大数据物联网等战略新兴产业发展技术需求，以高速大数据云无线接入网及异构网络关键技术研发为主要方向，建设了 ROF 技术研发平台、天线与射频技术研发平台、通信信号处理研发平台、系统集成与工程化验证平台以及智慧城市应用示范平台，开展了光载传输系统（ROF）线性化和高隔离超宽带多天线等关键技术研究，持续产出新产品、新技术、新工艺。通过攻克 ROF 射频器件关键技术、超宽带天线等 10 余项产业重大关键技术，带动企业实现直接经济效益超过 1 亿元，有力地促进了云南省在新一代无线通信及大数据物联网等战略新兴产业的培育发展。

云南省云计算工程研究中心，围绕存储资源虚拟化体系建设、模拟环境建设和应用工程验证、云计算模式下软件工程和产品开发，建立了相应的工程化研发体系，成为国家软件人才国际培训基地、国家软件人才培养模式创新实验区、国家 Linux 技术培训与推广中心，面向交通运输领域的云计算需求进行合作研究，促进了云计算、大数据等新技术的应用。

远程医疗技术国家地方联合工程研究中心（云南），围绕远程医疗和医疗信息化技术、设备、标准、服务等方向，建立了区域医学信息化系统和医学信息管理研究平台、远程医疗设备及其附属设备（软硬件）创新及工程化验证平台、远程医疗信息资源库，形成了"中心+企业+医院"的运作模式，中心作为研发、集成和工程化验证的平台支撑，企业作为成果示范及转换的载体，同行及医院作为成果转换的依托单位。所研发的国际领先的数字病理扫描系统获得医疗器械注册证；为国内外相关机构及企业培养相关人才 100 余名，提供了上千人次的国际培训；成果成功应用于 27 项远程医疗及医疗信息化项目建设中，拓展远程医疗增值服务及创新业务 7 项，为企业新增销售收入约 4 亿元，有力地促进了远程医疗及生物医药大健康战略新兴产业的培育发展。

云南省超导电力设备技术工程实验室，围绕超导带材及线圈磁体的测量及性能检测技术、低温绝缘材料测量技术、装置研发与测试技术的研究，突破了强磁场、多角度、变化温区下带材临界电流测试和液氮环境中绝缘测试等关键技术的研究，建立了高温超导低温实验技术研究平台、绝缘材料性能检测平台，开展了材料性能检测平台的建设、超导电气装置的关键部件研究与开发测试、0.4kV 和 10kV 单相原型机及样机的设计、制造和试验。主持编写行业标准 1 项，获得发明专利 21 项，其中 5 项发明专利实现了转化。通过攻克高温超导电力装置用超导带材和绝缘材料的性能检测技术、高阻抗变化率饱和铁心型超导限流器样机及试验等 6 项关键技术，有效地带动了超导电力装备制造及检测领域的技术进步，有力地促进了超导电力应用行业的产业化发展。

（五）先进装备制造领域

先进装备制造的能力代表着一个地区的工业水平。"十一五"期间，云南省把高端装备制造产业作为战略性新兴产业加以培育发展。进入"十三五"，云南省提出加快发展数控机床、自动化物流成套设备、轨道交通设备、铁路养护设备、电力和新能源装备、重化矿冶设备、工程机械、农业机械装备、节能环保装备、通用航空装备等先进装备，培育发展机器人、3D打印等智能装备，大力发展面向南亚和东南亚市场的特色机电产品制造，着力发展装备配套产业，发展壮大一批配套企业集群。在这样的背景下，按照省委、省政府发展壮大先进装备制造的战略部署，云南省发展改革委在这个领域布局了国家工程实验室1个，国家地方联合工程研究中心1个，省级工程研究中心3个，重点选择了大型精密数控机床、轨道交通大型养路机械、矿冶重型装备和高原风电装备作为引领产业实现重点突破和特色发展的着力点。

大型精密数控机床国家地方联合工程研究中心（云南），围绕大型高精度数控卧式坐标镗床研发、数字化车间及柔性生产线研制、关键共性技术研究等研究方向，构建了大型精密数控机床整机数字化设计平台，开展了动、静态性能验证，制定了产品制造工艺规范，获得发明专利6项，主持国家和行业标准4项，8项新产品通过省级认定。FML800智能制造单元荣获CCMT2016春燕奖、TGK46100高精度数控卧式坐标镗床荣获2015年度自主创新十佳称号。通过大型精密数控机床共性关键技术的突破，为企业实现直接成果转化应用收入2.26亿元，打破了国外对高精度机床的垄断，满足了航空、军工、汽车等重点领域的设备需求，对行业技术进步和服务国家战略做出了贡献。

云南省矿冶重型装备工程研究中心，面向云南省矿冶新材料产业发展和重大建设工程实施，构建了大型球磨机、塔磨机、隔膜泵、冶金铸造起重机、冶金转炉烟道系统等矿冶重型装备的工程化研究平台，解决了我国大尺寸高端耐磨球阀的设计和制造难题，填补了云南省直径3.6米以上大型球磨机的设计制造空白；研制成功了西南地区首台200/63t冶金铸造起重机；获得省级新产品认定1项，授权发明专利9项，软件著作权10项；所研发的矿冶重型装备的制造和应用产生的直接经济效益达3.07亿元。

云南省轨道交通大型养路机械工程研究中心，围绕国内外铁路大型养路机械行业的发展趋势及市场需求，通过开展整机高速走行性能、高精度作业装置、整车数字化网络电气控制、整车动力系统等关键共性技术的研究，完成了铁路道床吸污车、轨道作业测量车等13种具有高性能、高效率、高可靠性的铁路大型养路机械前瞻性产品的研制。通过60台套装备技术成果的工程化转化，实现销售收入6.78亿元。其中，铁路道床除沙车等多项产品打破了国外技术垄断，填补了国内铁路养路机械产品和作业形式的空白，整机的综合性能和技术处于国内领先和国际先进水平，为铁路线路的建设和养护提供了高端装备保障。

云南省高原风电装备工程研究中心，针对高原地区发展风力发电对相关装备技术的特殊要求，构建了高原风机工艺研究平台、高原风机集成仿真测试平台、高原风电工程研究平台和高原风电监测研究平台，开展了MW级高原型风电机组成套技术和装备的系统集成与工程化验证及风电远程监控与数据分析等方面的研究；与国家海上风力发电工程技术研究中心合作建立了高原风电机组中试基地及高原机组实验室。近3年获得授权专利9项，制定行业标准1项。2MW高原型风力发电机组产品被认定为省级重点新产品，实现销售100台、销售收入4.2亿，占云南地区风电装备市场的25%。

（六）节能环保领域

云南拥有良好的生态环境和自然禀赋，作为西南生态安全屏障和生物多样性宝库，承担着维护区域、国家乃至国际生态安全的战略任务。

同时，云南又是生态环境比较脆弱敏感的地区，保护生态环境和自然资源的责任重大。2015年1月，习近平总书记在云南考察时，要求云南把生态环境保护放在更加突出的位置，成为生态文明建设排头兵。大力推进生态文明建设、构建生态安全屏障，既可推动云南自身发展，也可彰显区域生态优势，充分展示云南科学发展的蓬勃生机和活力，使云南在参与国际与国内区域合作中发挥更大的作用。在此过程中，加快发展节能环保产业也是建设生态建设排头兵的一条重要途径。围绕这个战略性新兴产业的培育发展，云南省发展改革委布局了1个国家工程研究中心、1个国家地方联合工程研究中心、2个省级工程研究中心、2个省级工程实验室，涉及固体废弃物资源化、工业废气控制和资源化、工业节能、大气污染物控制、保护地生态文明建设等领域。这些工程中心和工程实验室所形成的技术成果一方面促进了节能环保产业的自身发展，另一方面支撑了重化矿冶工业、高原特色农业乃至旅游业的节能减排和可持续发展。

固体废弃物资源化国家工程研究中心，是国家发展改革委最早建立的国家工程研究中心之一。围绕建筑、工业、农林和生活废弃物资源化技术及装备研发，搭建了相应的研究实验条件，独创了废弃物复合材料工程化技术，在建筑垃圾资源化、建筑材料循环利用、电子垃圾资源化和无害化技术、天然纤维增强废旧高分子复合材料、废旧高分子材料的回收利用、生物质可燃气体/裂解油制备纯化等方面获得了大量技术成果。近年来，承接了上海虹桥综合交通枢纽工程建筑垃圾资源化处理、四川汶川地震灾后建筑废弃物资源化处理等项目。

冶金及化工行业废气资源化国家地方联合工程研究中心（云南），通过工业废气净化技术、工业废气资源化技术、区域大气污染联防联控技术等关键技术的基础研究、中试研究及数值模拟研究，为工业废气污染治理与防控技术的工程化和产业化应用提供了技术支持和设计依据。近3年获得授权发明专利110项，申请国际发明专利3项。"黄磷尾气催化净化技术与应用"成果获国家技术发明二等奖,并已全面实现工业化应用,成为黄磷尾气净化主流技术,净化后的黄磷尾气已经分别用于电厂锅炉燃气、高纯钒钛产品制备燃气、碳一化工原料气等,产生了显著的环境、经济和社会效益。

云南省大气污染物协同控制和综合利用工程研究中心,针对热电、有色冶金、煤化工、磷化工、钢铁、石油炼化等产业对大气污染物防治技术的迫切需求,搭建了大气污染物协同控制和综合治理利用技术及装置研发、设计平台,中试验证平台;具有工程化模拟、验证能力;为企业提供了工业大气污染物综合防治成套技术、工艺、设备和工程解决方案,建立了完整的产业技术工程化研发和成果转化体系。近3年完成国家标准制定2项,省重点新产品2项,发明专利2项,与企业签订技术服务总承包合同3.2亿多元。通过攻克燃煤烟气超低排放关键技术、铝电解烟气脱硫脱氟除尘一体化技术等5项产业重大关键技术,每年为企业减排二氧化硫20多万吨,节约排污支出近3亿元,污染物综合利用产值超过10亿元,有效支撑了工业污染减排和可持续发展。

云南省工业节能工程实验室,围绕中低温余热高效利用、工业渣余热回收及资源化和节能新工艺及新设备研发等产业关键技术研究方向,建立了中低温余热驱动的超临界有机朗肯循环发电系统试验平台、废弃铜镍基合金资源化利用平台、铜冶炼污泥无害化利用平台、铜熔融渣有价金属及余热资源综合利用技术研发平台。近3年主持制定省级地方标准2项,获得授权发明专利60项,其中1项发明专利实现转让,技术许可费用1030万元。通过攻克熔池熔炼炉强化动量传递的富氧旋流搅拌供热技术、复杂铜原料电解精炼及综合回收关键技术、铜镍基合金废料绿色再生新技术以及铜污泥固化与资源化利用技术等产业重大关键技术,带动企业实现直接经济效益39.7亿元,节能5.33万吨标煤,减排二氧化硫超过4.9万吨,减排二氧化碳超过5.31万吨,有力地促进了节能环保产业的创新发展。

（七）其他领域

在其他产业领域和社会领域还布局有1个国家工程实验室、2个省级工程研究中心和1个省级工程实验室，涉及交通气象灾害防治、高原山区公路养护工程、应用天文技术、工程结构减隔震技术等领域。这些工程化研究平台对促进各自领域的技术进步、服务经济社会发展发挥了积极作用。

陆地交通气象灾害防治技术国家工程实验室，针对气象灾害在路基边坡毁坏、路面性能降低、交通安全隐患、监测信息处理落后等方面的突出问题和存在的关键技术瓶颈开展研究，从基础理论、技术装备、工程示范等全方位提高恶劣气象条件对我国陆地交通的影响研究与防治水平，全面提升和拓展交通运输系统防灾减灾的综合能力、提升我国交通运输保障能力和水平。近3年来取得的一批成果已在西南地区的多条高等级公路建设中获得应用。

云南省高原山区干线公路养护工程研究中心，面向38000公里的云南省普通国省干线公路养护现状，重点开展云南省公路养护行业应用基础技术、关键共性技术和核心技术的集成开发，围绕山区公路养护工程中道路、桥梁、隧道结构的快速检测与评估技术的应用研究，研发与构建了全省公路行业养护规划科学决策体系、山区公路新型养护检测系统和设备的集成技术，建立了山区公路养护与修筑技术的仿真验证和养护新材料长期性能检测的专业验证平台。近3年来获得授权专利16项，软件著作权7项；4项发明专利实现转让；主持参与制定地方行业标准7项。云南省公路资产管理系统、路面快速检测，路面冷、热、温拌再生沥青路面成套技术，公路隧道绿色照明改造技术以及集成三维激光扫描的结构缺陷快速检测与评估技术等10余项行业产业重大关键技术的突破，有力地促进了高原山区公路养护行业的技术进步与转型升级。

云南省应用天文技术工程实验室，围绕光学/红外望远镜的研制及产业化、高分辨光电探测与图像高分辨处理技术、国防及国民经济领域应用天文技术和防灾减灾应用天文技术等进行研发。近3年来获得发明专利10项，参与制定技术规范1项，"一米新真空太阳望远镜及其在太阳高分辨观测中的应用"获得云南省科技进步特等奖。通过搭建主动光学平台，具备了巨型望远镜关键技术拼接镜面主动光学技术的研发能力；通过提升空间碎片探测能力，促进了我国在空间碎片测量方面的研究能力；高精度经纬仪的研制成功，使工程中心具备了基于应用天文技术的地震探测能力，为开展地震预报技术的相关研究奠定了基础。

云南省工程结构减隔震应用工程研究中心，围绕减隔震设计理论、减隔震重点产品进行工程化研究和产业化。近3年来获得授权专利27项；主编云南省地方标准5项，参编行业标准2项；大直径1500mm隔震橡胶支座、1500mm弹性滑板支座、软钢阻尼器、屈曲约束支撑、黏弹性阻尼器等新产品获得行业准入。通过技术成果应用，承担了国内减隔震建筑项目3100个，几乎包揽了国内所有大型减隔震建筑项目，如昆明长水机场、北京新机场、海口美兰机场、云南省博物院等；减隔震产品在全国建筑隔震装置市场的占有率达70%以上。

七 平台建设运行中存在的问题

（一）体制机制不活

1. 缺乏统一的平台运行机制

目前，云南省83家国家地方联合和省级工程研究中心/工程实验室的运行均相对独立，无论是平台运行模式，还是成果发布体系，都不具备足够的开放性，且各平台间彼此独立，缺乏相互连通的有效途径。虽然有部分工程研究中心/工程实验室有自己的信息化运行方法（诸如互联网主页、微信公众号、媒体宣传等），但就云南省所有的工程研究中心/工程实验室而言，仍然缺乏统一的平台信息系统。从工程研究中心/工程实验室依托的载体层面分析，依托高校的平台，由于高校管理和发展的要求以及团队成员自身职称评定、年度绩效考核的客观要求，此次被评价的平台一般建设和运行情况都较好；依托科研院所的平台，特别是一些事业单位性质的"老院"、"老所"，由于人员老化、没有在读研究生作为持续研究支撑，在学术论文发表、国际交流合作等方面有明显短板；而依托企业的平台，由于企业过于追求经济效益和利益最大化，工程研究中心/工程实验室的开放性往往不足，对工程研究中心/工程实验室的行业公共服务职能、国际交流、团队建设重视不够，很多还停留在"企业技术中心"层面，研发成果难以在行业内快速扩散，需要管理部门进一步加强管理和引导。

2. 监督考核机制针对性不强

从整体而言，虽然平台主管部门对各个平台的建设情况有监督和考核机制，但由于平台挂靠单位的性质不同（科研院所、大专院校、国营企业、民营企业），导致监督与考核机制在运行过程中较为困难且缺乏针对性。就个体而言，虽然每个平台都有自己的监督考核机制，但这些机制的存在只是为了完善平台的制度建设，而且均呈现出"千篇一律"的样式，缺乏贴近平台自身性质的考核机制。

3. 人才引进及运行机制不顺

本次评价过程中，基本上所有的工程研究中心/工程实验室均有人才引进与培养方案，但实施效果大多不佳。一方面是云南省相较沿海发达地区，在经济发展水平、社会公共服务供给能力、创新创业氛围等方面对高端人才的吸引力仍然不足；另一方面，人才培养使用政策缺乏创新性，无论从政府部门层面，还是从依托单位层面，人才引进工作涉及多个部门、多个环节，由于人才引进在现行的运行机制下需要经过多种会议的讨论、多次跨部门的协调、多方面的沟通等，导致了整个平台人才建设与预期目标相差较大。

4. 奖惩机制不健全

2008年开始，云南省第一批工程研究中心/工程实验室正式挂牌，已运行10多年，主管部门尚未对建设运行成效突出的平台进行奖励，也未对达不到预期效果的平台进行相应处罚。相关管理上的缺位和后续投入的不足导致很多平台"重申报、轻建设"，挂牌平台在建设过程中缺乏竞争意识和追赶动力，影响平台整体发展的积极性。

5. 未形成差别化的管理机制

目前云南省工程研究中心/工程实验室分为国家级（国家工程研究中心/工程实验室）、国家地方联合（国家地方联合工程研究中心/工程实验室）与省级（云南省工程研究中心/工程实验室）三个层面/层次。现阶段对三个层面/层次的工程研究中心/工程实验室实行的是统一管理，运行机制、资助机制与考核评价机制也未进行区分。同时，由于行业、领域和依托单位的差异，这些平台从发展初始就不可能步调一致。这种统一的管理机制虽然在行政管理上实现了高效化，但却对平台发展有一定的限制。

（二）人才培引不力

1. 高端性人才培养匮乏

2008年以来，本次纳入评价的78家工程研究中心/工程实验室共培养出一批专业化的技术性人才，由平台报送获批的云南省学术与技术带头人有279名。虽然通过平台建设培养出许多优秀人才，但本专业领域内拥有较高国际地位的高端人才却很少，在国内具有一定权威的专家相对不足，院士也屈指可数。

2. 引进人才效率相对低下

部分平台有引进人才的记录，一些具有两院院士、长江学者等称号的学者被引进到平台工作。通过调研引进人才的属性，可以看出大部分人才引进属于"柔性引进"。然而，由于引进人才工作时间的限制，对他们的使用效率与预期目标相差较远，人才引进项目趋于"只图名、不图利"的现象。一些"柔性引进"的人才由于没有真正融入云南的生产生活中而缺乏归属感，为平台发展的贡献往往低于预期。

3. 团队科研人员大多身兼数职

工程研究中心/工程实验室都有相应的依托单位，本次纳入评价的工程研究中心/工程实验室所依托单位的性质也不一样（科研院所、大专院校、国营企业、民营企业），但团队科研人员有一个共性，就是大部分科研人员既是工程研究中心/工程实验室的研究员，又兼具其他工作（如授课教师、行政管理人员、企业主要负责人等），甚至还是各类组织（协会、学会、研究会）的负责人。在一定程度上，这些事务性工作分散了平台科研人员在研发工作上的时间与精力。

（三）发展动力不足

1. 依托单位重视程度不够

依托单位是工程研究中心/工程实验室运行的基础性保障，对平台建设和发展有着至关重要的作用。在对本次纳入评价的工程研究中心/工程实验室的实地核查中我们发现，各个依托单位对已核准成立的工程研究中心/工程实验室的态度各有不同。大部分依托单位都很重视平台建设并给予平台最大的支持、争取更多的资源、拓展更广的发展空间。然而，也有少部分依托单位对平台不太重视，在制定本单位（或公司）发展战略规划时并未考虑平台建设，当平台建设遇到困难需要支持的时候，依托单位却让平台自己协调解决，从而极大地打击了平台发展的积极性，挫伤了团队的自信心。

2. 平台发展中总体投入不足

工程研究中心/工程实验室的发展都离不开持续性的投入，这包括研发场地的投入、研究设备的投入、人力资源的投入、研究经费的投入等。从政府层面而言，云南省人民政府对挂牌成立的工程研究中心/工程实验室的投入力度远远不及发达省份（如上海市、浙江省、广东省）。从依托单位层面而言，一部分依托单位对挂牌成立的工程研究中心/工程实验室在人力、物力、财力的投入上不足，导致平台建设困难重重。

3. 存在"重挂牌、轻发展"现象

通过对被评价的 78 家工程研究中心/工程实验室的实地核查发现，一部分平台有"重挂牌、轻发展"的思想。平台在申报期间工作十分积极，对平台的未来发展有美好的憧憬。一旦平台批准之后（尤其是平台在依托单位挂牌以后），平台建设投入与规划目标就会呈现出滞后现象。加之目前对平台缺乏有效的考核监督机制，导致了平台发展受到一定的阻碍。

（四）信息沟通不畅

1. 主管部门与平台的沟通不足

各个平台与主管部门之间由于行政制度的原因和平台自身的积极性，缺乏上下联动的沟通渠道，尚未形成及时有效的信息联通模式。从主管部门角度而言，由于部门工作任务繁重，工作人员数量有限，加上目前命名建设的平台数量有 83 家，导致主管部门与各平台之间的联系相对不足。从平台角度而言，由于未形成向主管部门反馈信息的意识和制度，所取得的重大研究成果（专利获批、奖励获得、项目立项等）未主动向主管部门汇报，当平台建设中遇到困难与问题时，也未能在第一时间向主管部门寻求帮助和支持。

2. 平台间缺乏有效的信息交流

目前，批准命名建设的 83 家工程研究中心/工程实验室的方向有矿冶及新材料产业领域、生物医药和大健康产业领域、高原特色现代农业领域、信息产业领域、先进装备制造领域、节能环保领域六大类别。本次评价核查结果显示，不仅不同领域的平台之间由于所属行业的不同而导致较少的交流、沟通与协作，就是同一领域内的不同平台之间的交流也很少。各个平台相对孤立运行，造成了行业内缺少交流、沟通与合作意识，更有部分平台将同领域的其他平台当作竞争对手。

3. 平台建设与外界交流较少

就平台自身与外界交流而言，部分工程研究中心/工程实验室通过参加学术会议、举办学术论坛、设立实验机构等形式展开与外界的交流。很大一部分工程研究中心/工程实验室与外界交流不多，获取信息的渠道也相对闭塞，"走出去、引进来"的开放性思维得不到足够重视，导致一些平台无法准确把握该领域内的国际尖端技术。

（五）成果质量低于预期

1. 国际尖端技术总量不足

综合本次纳入评价的 78 家工程研究中心/工程实验室所取得的研究成果和所获得的相关部门授权成果（专利授权、软件著作权、新品种审定、新药临床批件、新工艺、新方法、新产品数量），总量为 1382 项，发表高层次论文 1688 篇。在这些研究成果中，取得国际专利授权的成果不多，在国际顶尖学术期刊上（如 Nature、Cell、Science 等）发表高水平的论文也较少。由此看来，平台缺乏国际前沿的尖端成果，虽然局部领域有亮点，但整体研究水平和成果在国际上的影响力仍然较弱。

2. 获得国家级奖励数量较少

工程研究中心/工程实验室挂牌成立后，不断涌现出一系列研究成果，综合参评的 78 家工程研究中心/工程实验室所取得的研究成果的获奖情况可以看出，获得国家级奖项 43 项、云南省级奖项 229 项。然而，与发达地区（上海市、浙江省、江苏省、广东省等）设立的工程研究中心/工程实验室相比，云南省所获国家级奖励相对偏少，进一步说明了平台的研究成果未获得国家层面上的显著认可。

3. 研究成果服务社会的能力相对较弱

本次纳入评价的78家工程研究中心/工程实验室中均存在一个现象，许多耗费大量人力、物力和财力研究出的科技成果在完成论文发表、职称评定、成果鉴定、奖项申报，甚至因具有"国内首创"或"国际领先"水平而获得各类成果大奖后，便被束之高阁，变成"陈列的果实"，与当初设立工程研究中心/工程实验室"促进相关产业的技术进步和产业升级，成为支撑和带动云南支柱产业壮大、重点产业振兴、战略性新兴产业培育和重大工程实施的重要力量"的目标有很大的差距。

八 评价核查结果的应用

课题组作为第三方评估机构，将云南省产业技术创新平台的评价核查结果和提升/整改建议提交到了省级管理部门（见表4-3）。云南省发展改革委和省财政厅于2018年2月将结果通知到各个被评价平台，并明确说明本次评价结果将作为今后项目和资金安排以及推荐申报国家级平台的重要参考依据。

表4-3 云南省产业技术创新平台提升/整改建议

序号	平台名称	提升/改进建议
1	金属先进凝固成形及装备技术国家地方联合工程实验室（云南）	进一步强化技术成果转化、转移和产业化
2	微波能工程应用及装备技术国家地方联合工程实验室（云南）	进一步强化技术成果转化、转移和产业化
3	病毒性传染病生物制品国家地方联合工程研究中心（云南）	进一步强化技术成果转化和转移
4	花卉新品种开发与生产国家地方联合工程研究中心（云南）	提升团队层次，加快建设博士后工作站
5	西南中药材种质创新与利用国家地方联合工程研究中心（云南）	提升团队层次，主动参与国家标准制定

续表

序号	平台名称	提升/改进建议
6	药用特种昆虫开发国家地方联合工程研究中心（云南）	进一步强化技术成果转化和转移，积极参与国家标准制定
7	天然药物活性筛选国家地方联合工程实验室（云南）	进一步强化技术成果转化和转移，提高平台的对外开放合作水平
8	西南民族药新产品开发国家地方联合工程研究中心（云南）	进一步强化技术成果转化和转移，提高平台的对外开放合作水平
9	冶金及化工行业废气资源化国家地方联合工程研究中心（云南）	进一步强化技术成果转化和转移，提高平台的对外开放合作水平
10	云南省夜视系统工程研究中心	进一步强化技术成果转化、转移和产业化
11	云南省聚乳酸基功能材料工程实验室	进一步强化技术成果转化、转移和产业化
12	云南省矿产资源预测评价工程实验室	注重专利技术成果和新产品、新技术产出
13	云南省工业节能工程实验室	进一步强化技术成果转化、转移和产业化
14	干细胞与免疫细胞生物医药技术国家地方联合工程实验室（云南）	着力团队层次提升，积极参与国家标准制定
15	贵金属催化技术与应用国家地方联合工程实验室（云南）	进一步强化技术成果转化、转移和产业化，着力对外技术服务
16	云南省木本食用油工程研究中心	着力团队层次提升，着力对外技术服务
17	云南省天然活性多肽工程实验室	着力团队层次提升，进一步强化技术成果转化、转移和产业化
18	云南省热带亚热带玉米工程研究中心	注重仪器设备投入，着力团队建设
19	锂离子电池及材料制备技术国家地方联合工程实验室（云南）	着力对外技术服务，积极参与国家标准建设，着力提升团队层次
20	热带亚热带牛羊良种繁育国家地方联合工程研究中心（云南）	注重技术成果的转化和转移
21	云南省特优畜产品精深加工工程研究中心	注重技术成果的转化和转移，着力对外技术服务，注重国际国内平台合作
22	大型精密数控机床国家地方联合工程研究中心（云南）	注重国际国内平台合作、项目合作，注重科技成果奖励，着力团队层次提升
23	云南省特色食用菌种质创新与高值利用工程研究中心	注重国际国内平台合作、项目合作，着力团队层次提升，注重高水平论文撰写，强化对外技术服务

续表

序号	平台名称	提升/改进建议
24	天然橡胶良种选育与栽培技术国家地方联合工程研究中心（云南）	注重国际国内平台合作、项目合作，注重技术成果的转化和转移
25	云南省高原山区干线公路养护工程研究中心	注重国际国内平台合作、项目合作，积极争取院士工作站和博士后工作站落户，重视技术成果转化和转移
26	酶资源开发与应用国家地方联合工程研究中心（云南）	注重国际合作，积极争取院士工作站落户，积极参与国家标准/行业标准制定
27	云南省工程结构减隔震应用工程研究中心	注重国际合作，积极争取院士工作站落户，重视技术成果转化和转移
28	云南省金属矿尾矿资源二次利用工程研究中心	注重国际国内平台合作、项目合作，重视技术成果转化和转移，积极参与国家标准/行业标准制定
29	云南省合成药物工程研究中心	注重成果奖励，注重行业技术服务，注重国际合作
30	烟草废弃物资源综合利用国家地方联合工程研究中心（云南）	注重研发持续投入，注重国际国内平台合作、项目合作，着力提升团队层次
31	云南省轨道交通大型养路机械工程研究中心	着力提升团队层次，注重国际国内平台合作、项目合作，注重专利技术成果、新产品、新技术产出
32	云南省云计算工程研究中心	积极参与国家标准制定，注重技术成果转化和转移，着力提升团队层次
33	云南省云无线接入与异构网络工程实验室	注重国际国内合作，积极参与国家标准制定，注重技术成果转化和转移
34	云南省新型化肥工程研究中心	注重国际合作，注重高水平论文产出，注重技术成果转化和转移
35	红球藻种质培育与虾青素制品开发国家地方联合工程研究中心（云南）	注重团队建设和层次提升，注重技术成果转化和转移，注重对外技术服务
36	云南省应用天文技术工程实验室	注重团队建设和层次提升，注重国际合作，注重技术成果转化和转移，注重对外技术服务
37	云南省木质复合材料工程研究中心	积极争取院士工作站落户，积极争取国家级奖励，重视成果转化和转移，注重对外技术服务

第四章　云南产业技术创新平台建设和运行情况的评价 • 109

续表

序号	平台名称	提升/改进建议
38	云南省新能源发电消纳技术工程实验室	注重国际国内合作，注重技术成果转化和转移，注重对外技术服务
39	云南省公路智能运输工程研究中心	积极争取院士工作站落户，积极争取国家级奖励，重视成果转化和转移，注重对外技术服务
40	云南省茶树种质资源创新与配套栽培技术工程研究中心	注重提升团队层次，注重国际国内合作，积极争取院士工作站落户，积极争取国家级奖励，注重高水平论文产出
41	钛资源深加工国家地方联合工程研究中心（云南）	注重国际国内合作，注重争取科技成果奖励，注重高水平论文产出
42	远程医疗技术国家地方联合工程研究中心（云南）	高度重视团队建设和层次提升，积极争取院士工作站落户，积极争取国家级奖励，注重高水平论文产出，重视成果转化和转移
43	云南省高性能混凝土工程研究中心	着力实验设施设备和场地条件改善，重视团队建设，注重国际国内合作，积极争取院士工作站落户，重视成果转化和转移
44	云南省海量语言信息处理工程实验室	重视成果转化和转移，积极争取院士工作站落户，积极参与国家标准/行业标准制定
45	云南省超导电力设备技术工程实验室	注重技术成果转化和转移，注重对外技术服务，注重国际国内合作
46	微生物菌种筛选与应用国家地方联合工程研究中心（云南）	重视团队建设，注重国际国内合作，积极争取院士工作站落户，重视成果转化和转移
47	云南省滇台特色农业产业化工程研究中心	着力实验设施设备和场地条件改善，重视团队建设，注重国际合作，重视成果转化和转移
48	云南省丛生竹资源高效利用工程研究中心	重视研发持续投入，重视高水平论文产出，重视成果转化和转移
49	云南省大气污染物协同控制和综合利用工程研究中心	重视研发持续投入，注重国际合作，注重专利技术、新产品、新技术产出，重视成果转化和转移
50	云南省三七农业工程实验室	着力仪器设备条件完善，注重国际国内合作，重视成果转化

续表

序号	平台名称	提升/改进建议
51	手性小分子药物制备及制剂技术国家地方联合工程研究中心（云南）	注重团队建设，注重国际合作，注重高水平论文产出，注重对外技术服务
52	云南省生物技术药物工程研究中心	注重国际合作，注重专利技术、新产品、新技术产出，注重对外技术服务
53	云南省蔬菜种质创新与配套产业技术工程研究中心	注重仪器设备投入，注重团队建设，积极争取参与国家标准/行业标准制定，注重成果转化和转移，注重对外技术服务
54	云南省农业环境污染控制与生态修复工程实验室	注重仪器设备投入，注重团队建设，注重国际国内合作，积极争取参与国家标准/行业标准制定，注重技术成果转化和转移，注重对外技术服务
55	云南省普洱茶发酵工程研究中心	注重团队建设和层次提升，积极争取国家级和省部级奖励，注重对外技术服务
56	云南省蚕桑育种与高效生产工程研究中心	注重仪器设备条件改善，注重团队建设和层次提升，注重国际国内合作
57	云南省多晶硅产业化关键技术工程研究中心	注重国际国内合作，积极争取国家级和省部级奖励，注重对外技术服务
58	云南省保护地生态文明建设工程研究中心	注重仪器设备条件改善，注重国际国内合作，注重技术成果转化和转移，注重对外技术服务
59	云南省低纬高原稻区两系杂交水稻种业工程研究中心	高度注重仪器设备条件改善，注重团队建设，积极争取国家级和省部级奖励，注重高水平论文产出
60	云南省矿冶重型装备工程研究中心	注重团队建设，注重国际合作，积极参与国家标准制定，注重技术成果转化和转移，注重对外技术服务
61	云南省高原风电装备工程研究中心	注重团队建设，注重高水平论文产出，注重技术成果转化和转移，注重对外技术服务
62	云南省畜禽遗传资源保护和种质创新工程实验室	注重国际合作，注重技术成果转化和转移，注重对外技术服务
63	云南省民族特色养生理论与健康产品工程实验室	注重研发条件改善，注重国际合作，注重技术成果转化和转移，注重对外技术服务

续表

序号	平台名称	提升/改进建议
64	云南省泌尿系统肿瘤工程实验室	注重实验场地条件改善，注重国际合作，注重参与国家标准制定，注重专利技术、新技术、新产品的产出
65	云南省天然活性物质产业化工程研究中心	注重团队建设，注重国际合作，注重参与国家标准制定，注重专利技术、新技术、新产品的产出，注重高水平论文产出
66	云南省低品位复杂难处理铝土矿资源综合利用工程研究中心	注重国际国内合作，注重高水平论文产出，注重服务产业发展
67	云南省生物质高效利用工程实验室	注重国际国内合作，积极争取国家级和省部级科技奖励，注重技术成果转化，注重对外技术服务
68	云南省铜基及特种先进导电材料工程实验室	注重团队建设，注重国际国内合作，注重技术成果转化，注重对外技术服务
69	云南省低纬高原杂交玉米产业化工程研究中心	注重实验设施设备投入和条件改善，注重国际国内合作，注重成果转化和转移，注重对外技术服务
70	云南省可溶性固体钾盐矿工程研究中心	积极争取国家级和省级科技项目，积极争取国家级和省部级科技奖励，主动参与国家标准/行业标准制定
71	云南省甾体激素工程研究中心	建议调整研究方向；注重实验设施设备投入和条件改善，注重国际国内合作，注重成果转化和转移，注重对外技术服务
72	云南省土地资源利用与保护工程实验室	注重国际国内合作，注重专利技术、新技术产出，积极争取国家级和省部级科技奖励，注重成果转化
73	云南省土壤培肥与污染修复工程实验室	注重实验设施设备投入和条件改善，注重国际国内合作，积极参与国家标准制定，注重成果转化和转移
74	云南省煤基新材料工程实验室	注重实验设施设备投入和条件改善，注重国际国内合作，积极参与国家标准制定，注重高水平论文产出，注重成果转化和转移

续表

序号	平台名称	提升/改进建议
75	三七资源保护与利用技术国家地方联合工程研究中心（云南）	建议与云南省三七农业工程实验室整合；注重团队建设，积极争取国家级和省部级科技奖励，注重专利技术、新技术、新产品的产出，注重成果转化和转移
76	云南省植物提取物工程研究中心	注重实验设施设备投入和条件改善，注重团队建设，注重国际国内合作，积极争取国家级和省部级科技奖励，注重专利技术、新技术、新产品产出，注重成果转化和转移
77	云南省电子锡焊料制备先进技术与应用工程研究中心	注重实验设施设备投入和条件改善，注重国际国内合作，积极争取国家级和省部级科技奖励，注意高层次论文产出
78	云南省三稀矿产资源勘查评价工程研究中心	注重实验设施设备投入和条件改善，注重团队建设，注重国际国内合作，注重专利技术、新技术、新产品产出，注重成果转化和转移
79	云南省液态金属制备与应用工程研究中心	注重实验设施设备投入和条件改善，注重团队建设，注重国际国内合作，注重专利技术、新技术、新产品产出，注重成果转化和转移
80	生物医学动物模型国家地方联合工程研究中心（云南）	建议将承担单位调整为昆明理工大学
81	云南省天然香精香料工程研究中心	建议取消
82	云南省天然植物色素工程研究中心	建议取消
83	云南省缓释制剂产业化工程研究中心	建议取消

第五章

产业技术创新平台典型案例和模式分析

产业技术创新平台由于承担主体、组织模式、管理体制和运行机制的差异，呈现出不同的发展生存状态。在对这些平台进行量化评价的基础上，笔者选取了若干个典型案例进行模式分析，力图让后来者从中汲取经验。

一 典型案例

（一）病毒性传染病生物制品国家地方工程研究中心（云南）

1. Sabin 株脊髓灰质炎灭活疫苗——实现从中国制造到中国创造的疫苗

国家预防生物制品 1 类新药 Sabin 株脊髓灰质炎灭活疫苗（简称 sIPV）于 2015 年 1 月 14 日获得国家食品药品监督管理总局批准的新药证书及药品注册批件，7 月 1 日正式上市销售。

sIPV 属于国家 1 类新药，是我国科学家首次自主研发的脊灰疫苗新产品，拥有完全的自主知识产权。系采用 VERO 细胞基质、脊髓灰质炎病毒 Sabin 减毒株，运用国际先进的微载体生物反应器培养技术制备而成，具有良好的安全性和免疫原性且生产条件要求不高，是 WHO 极力推荐发展中国家在消灭脊髓灰质炎最后阶段使用的新型脊灰疫苗。

该疫苗是全球第一支使用减毒株制备的脊髓灰质炎灭活疫苗，填补了我国在脊髓灰质炎灭活疫苗生产领域的空白，是脊灰疫苗里程碑式的突破，实现了中国疫苗从"中国制造"到"中国创造"的飞跃，打破了发达国家对脊髓灰质炎灭活疫苗生产的垄断，对我国乃至全世界，尤其是发展中国家最终消灭脊髓灰质炎产生了积极的影响。

2015年7月1日，全球首剂Sabin株脊髓灰质炎灭活疫苗接种仪式在昆明市大观社区服务中心举行，3名适龄幼儿如期接种了该疫苗，这一历史时刻将载入史册。

疫苗一期生产线产能为每年1000万剂量左右，可满足全国新生儿一剂IPV接种需求，每年将创造不低于3亿~4亿元的经济效益。

由于该疫苗可靠的安全性、免疫原性和有效性，生产条件要求低，非常适于全球推广。为此，WHO鼓励在满足我国疫苗需求的基础上，出口销售到全世界。为实现疫苗出口，中心将进一步对Sabin株脊髓灰质炎灭活疫苗二期生产基地进行建设，提高产能的同时，开展厂房PQ

认证，以实现未来生产出的疫苗产品符合国际标准，能够进入 WHO 采购清单。

截至 2017 年 6 月 30 日，sIPV 已累计销售 762 万剂，创造产值 2.7 亿元。该疫苗自 2016 年 5 月 1 日起被正式纳入国家儿童免疫规划，实施 1 剂 IPV + 3 剂 bOPV 的序贯免疫策略，将在配合全球实现最终消灭脊灰的目标中发挥重要作用。

2. 肠道病毒 71 型灭活疫苗（人二倍体细胞）——从概念到实践的创新疫苗

国家预防生物制品 1 类新药肠道病毒 71 型灭活疫苗（人二倍体细胞）（简称 EV71 疫苗）于 2015 年 12 月 3 日获得国家食品药品监督管理总局批准的新药证书及药品注册批件，2016 年 3 月正式上市销售。

人类手足口病（HFMD）自 2008 年以来，每年以上百万病例居于我国丙类传染病报告病例数的首位，严重威胁着我国和亚太地区亿万儿童的生命健康。肠道病毒 71 型作为引起 HFMD 的主要病原之一，可造成 80% 以上的重症和 90% 以上的死亡病例。因为治疗上缺乏有效的特异性药物，因此疫苗接种便成为目前预防和控制该疾病暴发流行的根本手段。

针对 EV71 这一病原体，中心在国家重大专项、863 计划等基金支持下，克服了缺乏有关 EV71 感染机理的相关资料、没有相关国际标准和参照体系、没有能够提供免疫保护性的动物模型和客观指标、没有针对该疫苗研发和生产的质量检测控制指标体系的困难下，按照新疫苗技术设计要求，围绕毒种筛选、灵长类动物感染模型、产业化制备工艺、EV71 型病毒抗原检测方法等关键技术，历经 7 年，自主创新，成功生产出国际首个、唯一以人源细胞制备的 EV71 灭活疫苗，造福于国民。

EV71 灭活疫苗在研发过程中成功分离并培育获得了 EV71 灭活疫苗的疫苗毒株，首次创建了 EV71 型病毒抗原检测方法及恒河猴婴猴 EV71 感染模型，创建了 EV71 灭活疫苗产业化制备核心技术体系及质量控制和标准技术体系，预防由 EV71 感染引起的手足口病及其重症保护率达到 97.3%。该研究成果得到了世界卫生组织、国家科技和卫生行政部门以及国际同行的高度评价，获得了发明专利授权 2 项，在《新英格兰医学杂志》等学术杂志上发表研究论文 40 余篇，提高了我国创新疫苗研发的整体技术水平，从根本上改变了我国缺乏儿童手足口病疫

苗的落后现状，实质性地提升了我国儿童手足口病的防控水平和国际影响力，产生了显著的社会和经济效益。

目前，在"生物所疫苗产业基地"已建立了符合国家2010版GMP要求的EV71灭活疫苗生产线。截至2017年6月30日，已销售666万份疫苗，创造销售收入11亿元。

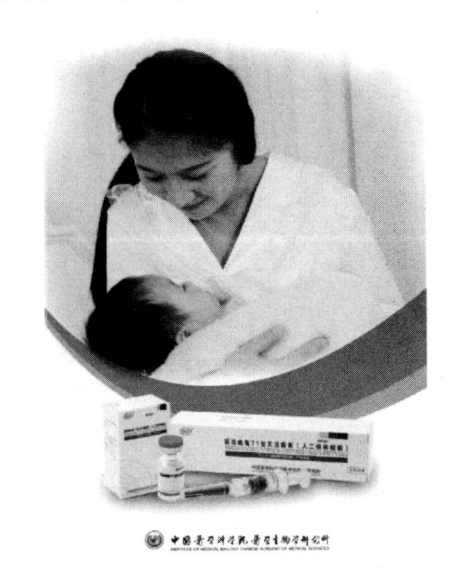

（二）花卉新品种开发与生产国家地方联合工程研究中心（云南）

1. 突破了花卉种质资源创新与育种关键技术，选育了一批突破性优良花卉新品种

中心从全世界收集保存了优势切花和特色花卉的商业品种327个，野生种质资源56个，为新品种选育提供了优异种质。建立了园艺性状和适应性综合评价体系，筛选出可规模化应用的综合性状优良品种60个，丰富和调整了目前的品种结构，改变了产品同质化严重的问题，增强了产品核心竞争力。针对种质资源遗传背景不清等问题，通过染色核型分析和分子标记等技术对部分核心种质进行了遗传背景分析，为杂交亲本组配和育种实践提供了重要依据。中心还开展了生殖生物学特性及可授性研究，为远缘杂交的亲本选配和育种实践提供了重要的理论依据，所构建的胚挽救技术解决了杂交后胚败育和发育不良等核心问题。建立了以杂交育种为主、倍性育种为辅的育种技术体系，制定了《月季育种技术规程》，开展了与国际育种公司相当规模的杂交育种工作，选配杂交组合1100余个，获杂交后代64455个，复选单株1271个，决选不同特性优良株系188个，选育新品种82个，获新品种授权27个，专利授权2项。创建了有利基因发掘和利用技术体系，从云南野生或特色资源种中发掘花香、蓝色、2n配子发育等基因3个，获得功能验证，为开展定向育种提供了新途径和新思路。该成果获云南省科技进步一等奖1项。

2. 构建起优势及特色花卉良种繁育技术体系，实现了优质种苗工程化生产

中心以月季、香石竹、非洲菊、铁线莲、高山杜鹃等自主知识新品种、市场流行品种及新引进筛选的品种为研发对象，针对良种繁育中的关键技术问题，根据不同的产业需求及新品种基因型的生物特性开展了良种繁育技术的研究和集成。在原种脱毒繁育方面，针对中心引进或自育品种因多代繁育导致退化的问题，通过研究茎尖组培脱毒、电击脱毒、热疗法与茎尖组织培养技术相结合脱毒的手段，去除了原种植物体内自身所携带的病毒，提高了原花卉繁殖速度，减缓了原品种退化，为市场提供了无病虫害的优良种原。在商品苗高效繁殖方面，突破了月季规模化生产的嫁接繁殖技术、香石竹组培种苗快繁培养、非洲菊组培增殖苗的瓶外无土扦插生根、云南杜鹃高效再生体系、高干型树状月季砧木的培育、铁线莲扦插育苗等一系列繁育关键技术体系，尤其是在云南杜鹃和树状月季砧木高效繁殖繁育方面取得了国内首次突破，为特色野生资源的开发利用奠定了技术基础。研究形成了20项良种繁育技术发明专利，制定了《香石竹种苗生产技术规程》《非洲菊的繁殖及管理技术规程》和《月季种苗生产技术规程》,实现了自主知识产权新品种及优良品种的规模化生产。尤其是突破了高山杜鹃、树状月季等高档木本花卉产业化关键技术,繁育铁线莲种苗10万株,高山杜鹃示范栽培20万盆,相关技术成果获得云南省科技进步二等奖。

3. 研发了国内领先的优质高效环保生产及质量控制技术,获得国际 MPS 认证

中心以锦苑、锦科和花卉所的自主知识产权新品种、引进筛选品种及市场流行品种为主要生产对象,重点对鲜切花环保高效栽培关键环节开展研究,在不同种植模式下研究和集成种植槽及配套基质、水肥配比与循环利用、专用肥料、基质与回收水肥的消毒杀菌、病虫害检测与综合防控等标准化生产技术,形成了系统性与配套性强的标准化生产技术规程。通过研究月季、香石竹、非洲菊等在不同生长阶段吸收养分的规律,开发了系列专用肥,集成国际引进的肥水消毒系统和自主研发的肥水回收系统,研发出切花无土栽培肥水循环利用技术,以减少化学肥料的使用量,提高土壤可持续生产能力,所形成的温室高效花卉栽培肥水循环利用方法还申请了专利保护。项目研究制定了行业、地方或企业等相关标准14项,制定了《切花月季生产技术规程》和《香石竹切花生产技术规程》等,实现了月季、非洲菊、香石竹、杜鹃等花卉优质高效生产和质量控制规范。在病虫害防控研究方面,针对病虫害控制的前沿及关键技术问题,应用植物保护学理论和生态学原理,采用现代分子生物技术、信息技术、预测预报等农业新技术,探求花卉病虫害危害机理及机制,研究植物病原微生物和农业昆虫的生物学特性、生理生化、致病机制、遗传特性等。采用科学的植保方法进行病虫害防治,将环境控制、生物防治、物理防治很好地结合并运用在实际的生产管理中,降低了农药的使用量,减少了植保过程中所产生的环境污染。关键是环境调控技术通过了花卉环保认证标准 MPS – ECAS 认证,并通过了国际质量管理体系认证 ISO9001:2008、GB/T 19001 – 2008 的复审。其中肥水循环利用技术的规模应用使无机肥料的使用量降低了60%，肥料利用率从传统方法的30%提高到80%，有效地解决了设施农业生产所产生的面源污染问题。

4. 创新集成了鲜花陆地运输全程冷链技术，大幅降低了运输损耗率

项目研究集成了月季、香石竹、非洲菊、洋桔梗等切花采后预处理技术、实用保鲜技术、立式容器带水贮藏和无缝运输技术，通过对国外先进保鲜和全程冷链技术的引进、消化、吸收和再创新，集成了鲜花陆地运输的全程冷链技术，对影响鲜花瓶插期的4个关键环节——采后入水时间、预冷、全程冷链、保鲜处理进行了严格控制，将冷链环节和保鲜技术从田间地头一直延伸到销售终端，采后产品的优质率比项目实施前提高了20%，损耗率降低到10%，运输成本降低了30%，年加工处理鲜切花3.5亿枝，在鲜花冷链物流技术方面取得了突破，制定了3种花卉采后处理与冷链物流技术规程，获专利授权2项。公司通过昆曼大通道陆路出口的花卉已超过云南全部出口量的30%，出口量扩大的同时，不仅大幅降低了运输成本，而且通过冷链运输保证了产品质量，减少了损耗，提升了云南花卉的竞争力和市场份额，为云南花卉出口48小时物流圈的形成打下了坚实基础，成果获云南省科技进步三等奖1项。

（三）热带亚热带牛羊良种繁育国家地方联合工程研究中心（云南）

该中心创建了：奶牛良种快繁技术体系，包括同步发情技术、胚胎移植技术和早期妊娠诊断技术；种质生产技术体系，包括活体取卵技术、性别控制技术、卵母细胞体外成熟技术、体外受精技术、早期胚胎体外培养技术、精卵胚超低温冷冻技术等；奶牛良种选育技术体系，包括常规选育、DIH检测、MAS检测和MOET技术。

通过技术成果的工程化应用，分选后的精子成活率达75%，性别准确率93%；体内胚胎生产16~18枚/头/年，活体取卵生产胚胎120枚/头/年，活体取卵生产胚胎数比体内胚胎生产效率提高6.6倍；卵母细胞体外培养成熟率90%，囊胚率45%~50%，冷冻胚胎复苏成活率92%；同期发情率75%；胚胎移植妊娠率体内55%，体外42%；胚胎移植产犊率体内55%，体外45%；

根据西南地区的奶业现状，针对高产奶牛繁育的迫切需要，适应性研发和集成了高产奶牛良种快繁与选育技术，创制了高产奶牛良种、种质生产及选育关键技术体系，并将这些技术进行推广、示范和应用，形成了高产奶牛核心群，技术服务范围外溢，解决了制约贵州地区奶牛发展的良种快繁、选育、健康养殖等瓶颈问题，促进了奶牛的高质化发展。

1. 经济效益

直接经济效益：通过良种奶牛种质创新、优选关键技术的应用，生产并推广优质荷斯坦奶牛2000头、胚胎1500枚、冻精90000支，共产生经济效益1675万元。

间接经济效益：奶牛性别控制胚胎生产奶牛可减少养殖费用2000元/头，高产奶牛产奶按8000公斤计，国内奶牛按3500公斤计，奶价按2元/公斤计，增加效益9000元/头。与此同时，带动78户农户进行优质牧草推广种植500亩，增加收入600元/亩，户均增收3846元。

2. 社会效益

利用高新技术是改造传统畜牧业最有效的手段。我国各级政府每年都要投资大量资金用于家畜改良，但因技术单一和落后，依靠自身繁殖后代的种畜有品种退化现象，不利于实现家畜改良的长期目标。从国外引进的种畜昂贵且由于疾病流行，很难满足需要，进口种牛约6万元/头，还不是最优品种。利用体外成熟的胚胎生产一头纯种牛不到1万元，利用体内成熟胚胎生产一头优质种用纯种牛不到2.5万元，利润空间很大、价格优势明显、市场潜力巨大。传统自然交配或冻精生产的奶牛幼犊因1:1的性别比例，有一半是不希望得到的后代。通过将其精子性别分离，使胚胎、冻精和幼犊的生产经性别控制，得到用户希望得到的产品，有效地降低了成本和经营风险，产品也容易被市场接收。

该技术成果的应用有利于提高良种奶牛的利用率、覆盖率和单产水平，带动畜牧业及相关产业的发展，为实现奶牛良种化、规范化和集约化生产奠定了良好的基础，同时带动了周边农户增产增收。另外，通过技术培训、讲座、实际操作等交流方式进行技术的应用推广，培养了一批熟练的技术人员，为贵州地区畜牧业的发展起到了促进作用。

（四）云南省工程结构减隔震应用工程研究中心

近年来，国内外隔震建筑的高度与跨度逐年上升，导致作用于结构单柱上的载荷显著加大，这也对隔震橡胶支座的抗震理论、设计、产品性能以及施工安装提出了更高的要求。云南省工程结构减隔震应用工程研究中心的研发团队借助大型分析软件实现了建模、边界条件、求解控制、仿真一体化结构设计，研究了罕遇地震下的隔震层位移，高宽建筑倾覆性、抗拉抗风性能，已逐步攻克了高层和大跨度建筑的减隔震机理分析和设计难题；通过对隔震橡胶支座的结构设计、模具设计、配方、工艺优化，已攻克了大直径隔震橡胶支座的生产难题。

云南省工程结构减隔震应用工程研究中心先后获得直径1000mm～1500mm隔震橡胶支座的型式检验报告，直径1000mm、1500mm弹性滑板支座的型式检验报告；授权专利4项：《建筑隔震支座的防倾覆装置》《一种用于大直径隔震橡胶支座的连接装置》《一种复合导轨式抗拉隔震橡胶支座》和《一种可更换的简易抗风装置》。该项目的应用研究课题"高烈度区高层住宅建筑隔震技术研究与应用"已申报2017年度云南省科技进步奖，目前正处于项目公示阶段。

该项目的研究成果在云南省工程结构减隔震应用工程研究中心的依托单位云南震安减震科技股份有限公司内进行产业化及工程化推广。震安公司先后配置了6台大型平板硫化机，最大吨位3000t，还配置了胶黏剂自动喷涂线、自动喷漆线等，用于生产大直径隔震橡胶支座。目前已生产了2000多个直径1000mm～1500mm的隔震橡胶支座，并在18个高层或大跨度建筑项目中取得了成功，其中LRB1200、LNR1500、LNR1300、ESB1000、ESB1500等支座已在全球最大的单体隔震建筑——北京新机场项目、全国最大的错层隔震建筑—海口美兰机场中得到使用。

（五）云南省大气污染物协同控制和综合利用工程研究中心

燃煤电厂是烟尘、二氧化硫、氮氧化物等大气污染物的主要排放源，根据国家燃煤烟气超低排放的环保要求，燃煤烟气不得超过燃气轮机大气污染物排放的限值，即氮氧化物$\leqslant 50 \mathrm{mg/m^3}$、二氧化硫$\leqslant 35 \mathrm{mg/m^3}$、烟尘$\leqslant 5 \mathrm{mg/m^3}$。

云南省大气污染物协同控制和综合利用工程研究中心针对燃煤烟气超低排放要求，在氨法脱硫脱硝技术的基础上，利用流体力学颗粒物多次撞击合并离心力分级除雾、除尘、液膜捕集的多种功能原理，开发了燃煤烟气氨法组合式超低排放技术及装置，取得了自主知识产权（专利名称："一种超级除雾装置、一种具有除雾装置的烟气脱硫塔、一种除雾装置、一种实现超低排放的脱硫除尘的装置等"），突破了燃煤烟气超低排放关键技术和设备。

无锡友联热电股份有限公司建成了国内热电行业首套超低排放装置，处理后的烟气中的二氧化硫浓度$15 \mathrm{mg/m^3}$，烟尘浓度$3.45 \mathrm{mg/m^3}$，氮氧化物浓度$41 \mathrm{mg/m^3}$，氨逸$0.54 \mathrm{mg/m^3}$，雾滴浓度$13.93 \mathrm{mg/m^3}$，达到超低排放标准。通过168小时的性能考核和环保验收,各项排放指标均优于超低排放标准。装置目前运行稳定。该技术不设置湿式电除尘,首次提出低投资成本、低运行成本使燃煤锅炉烟气污染物达到超低排放的技术。项目改造投资低、对原装置影响小、能耗低、运行成本低,降低了企业的环保治理投入。示范项目2016年1月通过无锡市环境保护局的验收。

2016年3月28日,中国环境保护产业协会在北京组织召开了"燃煤烟气氨法脱硫组合超低排放技术及装置"技术成果鉴定会,形成如下鉴定意见:该技术的装置集成度与治理效果较好,具有投资成本低、占地面积小等优点,工程已通过无锡市环保局项目竣工环境保护验收。该成果为燃煤烟气超低排放治理提供了一种高效实用的工艺设备,在同类技术领域中达到国际先进水平。

"燃煤烟气氨法脱硫组合超低排放技术及装置"获环境保护部环境保护科技成果证书,被授予2016年中国产学研合作创新成果优秀奖。技术还推广应用到宁波明州热电有限公司锅炉烟气烟尘超低排放改造项目、宁波光耀热电有限公司脱硫除尘超低排放改造等多个项目。为燃煤烟气超低排放提供了技术支撑,促进了节能环保战略性新兴产业的发展。

(六) 云南省轨道交通大型养路机械工程研究中心

随着高速铁路的运营,如何为无砟轨道道床表面除尘就成为时速350km/h的高速列车运行时的技术难题。以武广客运专线为例,动车高速运行时气流卷起的粉尘等污染物将导致列车上数千万元的传感设备损坏,影响行车安全。然而,国内铁路养护施工目前主要是依靠大型养护设备,对高速铁路而言,就迫切需要价格合理、适应现场条件的道床吸污车。

为了适应高速铁路的发展需求,云南省轨道交通大型养路机械工程研究中心研制的TX-65铁路道床吸污车主要用于清洁铁路道床,尤其是客运专线无砟轨道的道床，吸收道床表面沉积的粉尘、固体碎片、微小石子及钢轨打磨磨屑等污物，保证列车高速运行的安全性。

铁路道床清污系列产品世界上只有法国 SOCOFER 公司与 NEU 公司联合研制的，主要用于地铁或普通线路的粉尘、树叶等污物清洁的产品，价格昂贵且作业性能及作业范围并不适用于高铁。中心为此组成项目组，开展了 TX-65 铁路道床吸污车的课题研究，解决了包括吹、吸组合式风压、风速对吸污能力的影响分析与吹吸工作装置结构设计、侧面吹吸装置设计、重力与袋式集成式集尘和除尘器设计等道床吸污的关键共性技术。

2015 年 7 月，中心通过科技成果工程化转化，制造了 2 台铁路道床吸污车，通过了动力学性能试验、高速路试、综合性能试验检验，在北京铁路局进行应用考核。2016 年 3 月，完成样车的整改优化并通过了铁路总公司检测中心组织的铁路道床吸污车样车技术鉴定，实现直接经济效益 3600 万元。中心研制的铁路道床吸污车具有完全的自主知识产权，达到世界领先水平，填补了国内空白，适应中国高速铁路发展的需求。

(七) 云南省合成药物工程研究中心

云南省合成药物工程研究中心依托云南省医药产业的龙头企业—昆药集团股份有限公司，以创新性和服务性为基本要求，以促进云南省生物医药行业发展为目标，取得了丰硕的成果。2014 年和 2016 年，昆药集团先后投资 600 万元，实施"药物研究院搪玻璃罐改造项目"和"合成车间 C 级区改造项目"，已形成 30L-500L 反应设备群，基本满足了药物工程化开发中的反应设备需要。此外，对管道、输送泵、离心机等后处理设备的防腐蚀处理更丰富了合成药物工程化开发中对当代化学合成技术的要求，建设 C 级洁净区在 GMP 层面满足了云南省冻干粉针剂相关化学原料药的工程化开发，同时还建立了工程中心 GMP 文件控制体系。

2016年，昆药集团宣布出资7000万元，与诺贝尔奖获得者屠呦呦教授团队合作，正式获得了中国中医科学院中药研究所持有的双氢青蒿素治疗红斑狼疮临床前研究所取得的相关专利及临床批件，现已支付2000万元并开展研究。工程研究中心的双氢青蒿素生产工艺已通过国家GMP认证，将承担屠呦呦教授专利成果的产业化转化任务。工程中心依托昆药集团，与国际学术大师合作，又直指系统性红斑狼疮这一药物空白领域，充分展示了创新平台服务于人类健康事业的价值体现。2013年，昆药集团与云南大学天然药物化学重点实验室合作的"新型抗炎镇痛药帕瑞昔布钠的开发"项目入选昆明市科技局工业与高新技术重点项目。2016年，该项目依托云南省合成药物工程研究中心，顺利实现了小试工艺优化、公斤级中试放大、8公斤放大等，并成功申报制备专利，而且制剂标准高于原研药品标准，最终顺利结题。该项目预计2018年注册申报，成为工程中心第一个获得生产批件的品种。该品种作为术后镇痛类的首选，市场潜力巨大。该品种整体的开发过程是云南省合成药物工程研究中心服务于企业、高校和政府部门的范例，体现了工程中心服务于云南医药行业发展的责任。

工程中心承担的"天麻素质量标准提升项目""蒿甲醚工艺改进项目"等，有力地支撑了昆药集团已上市的化学药物——天麻素和蒿甲醚的技术升级，为企业创造了巨大的价值，2014~2016年实现直接经济效益超过60亿元。同时，工程研究中心凭借部分在研合成药物的开发过程，积极与云南大学、昆明理工大学、云南民族大学、昆明医科大学、昆明中医学院、大理大学等高校开展研究生、本科生的联合培养工作，并与部分高校共同搭建了研究生培养基地。2014~2016年期间，合成药物工程研究中心先后为社会培养硕士研究生27人，本科生67人。

（八）云南省木本油料食用油工程研究中心

油橄榄（*Olea europaea L.*）是世界上著名的木本油料树种，是一种良好的经济生态型树种，云南省金沙江干热河谷凉冬地区是油橄榄发展最有前途的最适种植区。云南省自 20 世纪 60 年代便开始引种试验，但基于历史条件的限制，油橄榄发展多年来仍存在良种缺乏、栽培管理粗放、病虫害危害严重、产业链短等诸多关键技术问题。

云南省木本油料食用油工程研究中心针对以上关键共性技术问题，开展了技术攻关，选育出了产量高、含油率高、油质好、抗性强的"佛奥""鄂植 8 号""科拉蒂""豆果""柯基""莱星""皮瓜尔""软阿斯"8 个通过国家或省林木品种审定委员会审（认）定的良种和"金叶佛榄"新品种 1 个。"佛奥"为我国唯一一个通过国家审定的油橄榄良种，"金叶佛榄"为我国唯一一个通过注册登记的油橄榄杂交新品种。该中心还制定了《油橄榄品种选育技术》《油橄榄种质资源特性记载规范》《油橄榄采穗圃营建技术规程》等地方标准，为规范油橄榄种质资源记载、描述、评价及品种选育等基础性工作、有效保护和高效利用油橄榄种质资源、促进全国油橄榄种质资源研究和油橄榄产业的发展具有十分重要的意义。云南目前新发展的 10 余万亩油橄榄，95% 以上使用工程中心所选育的良种，油橄榄良种的选育为云南油橄榄产业的发展做出了突出的贡献。

在良种选育的同时，云南省木本油料食用油工程研究中心还开展了油橄榄配方施肥、覆盖、整形修剪、复合经营等配套栽培技术的研究，总结并制定了《油橄榄丰产栽培技术规程》《油橄榄低产林改造技术规程》等地方标准，在永仁、玉龙、永胜等地推广配套栽培技术 5 万余亩，带动了云南油橄榄产业的健康和可持续发展。

（九）三七资源保护与利用技术国家地方联合工程研究中心（云南）

三七是云南省主产、特产的道地药材，具有"散瘀止血、消肿定痛、益气活血"的功效，是老年心脑血管慢病防治的要药，具有巨大的产业规模。云南省委、省政府提出，到"十三五"末，将三七产业打造成千亿产业的规划。云南三七产业的优势在资源，潜力在资源，希望也在资源，但目前三七连作障碍严重、病虫害防治滥用药肥情况已成为限制三七产业健康发展的重大科学问题。

2010年，云南省发展改革委同意建立"云南省三七生物技术与制药工程研究中心"作为产业发展的科技支撑平台，与云农大朱有勇院士团队展开合作，开始了攻克三七种植连作障碍的研究工作。

2015年，经云南省发展改革委支持、由国家发展改革委批复的"三七资源保护与利用技术国家地方联合工程研究中心"进一步加快三七产业科技平台的建设，聚焦产业共性、关键技术创新、集成与转化。

通过多年产学研深度合作，三七工程中心提出了一套具有技术标准、制度规范、质量追溯的管理体系设想，以"仿生种植+质量标准+全程溯源"推动三七产业可持续发展。"仿生种植"是从植物本身生长需求角度，通过光温水肥等参数控制，智能模拟生态环境，通过提高植物抗病性来降低农药化肥的使用量，从田间地头保障药材质量。"质量标准"是建立与产品应用相匹配、相吻合的质量标准。2015年，省食药监局将云南省三七饮片的标准功能主治拓展到高血脂、高血压、糖尿病等，拓展了三七的消费空间。"全程溯源"是针对药材个体化健康消费品市场，在三七终端产品上通过扫码就能溯源产品的生产地区、生长条件、产品质量、产品流向等信息，通过透明生产过程，建立三七产品的消费信任。

建设三七工程研究中心基地，通过三七种植技术创新、新资源产品开发、市场销售医学支撑、品牌建设、消费者教育等软硬件投入，搭建了一个开放平台，为产业依靠科技创新、实现资源优势转化为经济优势、产业转型升级提供了实现路径，为达成云南三七医药产业的千亿梦想起到了推动和保障作用。

（十）贵金属催化技术与应用国家地方联合工程实验室（云南）

贵金属催化剂是化工新材料发展的基础。催化剂作为新材料已经被纳入国家发展的重点和支持领域，其中贵金属催化剂凭借较高的催化活性和选择性以及耐高温、抗氧化、耐腐蚀等综合优良特性，在石油化工、医药、农药、食品、环保、能源、电子等领域占有极其重要的地位，成为最重要的催化剂材料之一，其中铂、钯、铑等是最常用的贵金属催化剂品种。贵金属催化技术与应用国家地方联合工程实验室依托昆明贵研催化剂有限责任公司建设，2012年获批。近3年来，共投入经费9345万元，着力提升平台条件和团队能力，新增各类研发设备40余台/套，研发场地面积超过3400平方米、设备原值超过3700万元。该实验室围绕我国机动车废气排放控制、工业有机废气排放控制和化工反应过程控制领域的产品技术升级和产业建设发展的迫切需求，主要研究贵金属催化技术及催化剂相关产品技术、关键工艺技术、工程化核心装备技术、结构表征及效果评价技术、技术标准等共性问题，形成了学科优势和产业优势，为相关行业的技术进步、产业发展、产品升级换代提供了前沿技术储备和关键技术支撑，提升了我国贵金属催化产业的核心竞争能力。实验室已申请国家自然科学基金项目、国家863、工业转型升级、工业强基、城市机动车污染排放控制、工业废气排放控制、化工过程反应控制、省自然科学基金等各类科研项目40余项，新增科研项目20余项，新增合同经费3000余万元；承担国家级在研项目19项，省级在研项目14项，3年到位项目经费9000余万元。通过平台建设和承担项目，创建了1个省级创新团队，建设了1个院士工作站，设立了3个省外合作研发机构，包括中国汽车技术研究中心共建联合实验室等，成为国家移动源污染排放控制工程实验室常务理事单位。培养国家级人才1人，省级创新人才3人，硕士研究生13人。获授权专利6项，制定国家标准2项，修订国家标准2项，制定企业技术标准30余项。

在国内率先成功开发了"汽油车国 V 高性能稀土催化材料和催化剂技术""国 IV/V 标准钒基 SCR 催化剂技术"等先进汽、柴油机尾气净化催化产品，并实现成果转化，在上汽、五菱、东南、长安、柳汽、比亚迪、玉柴、云内、潍柴等国内主要客户市场的 60 余个车型项目中得到应用。

二　模式分析

工程实验室和工程研究中心的组织模式主要分为两大类，具有独立法人和非独立法人；其承担单位分为 3 种类型，高校主导型、院所主导型和企业主导型。

大学和科研机构的学术导向对创造新知识、新技术有内在的动力，是新思想的策源地。鼓励大学和科研机构承担产业创新平台建设，主动介入产学研合作，有利于形成学术导向与市场导向的协同，使创新平台成为不断创造新思想、新知识的平台，产生源源不断的创新成果，推动不断采用新技术的竞争。同时，鼓励企业主动参与大学和科研机构在高新技术领域、战略性新兴产业领域、前沿科技领域的研发，在实施工程化验证、成果孵化的过程中增强自身的创新能力，并在合作过程中引导大学和科研机构的学术导向与市场导向相结合，进一步激发产业技术创新体系对经济社会可持续发展的强大驱动力。

（一）高校主导模式

在产业技术创新体系中，高校仍然是创新活动的主力。在科技创新方面，研究型大学作为中国最高层次人才培养和最新前沿科技研发的中心，以教书育人和科技研发为根本，拥有较高的人才和学术产出质量。围绕国家创新驱动战略和供给侧结构性改革的深入实施，越来越多的高校把研究型大学作为办学方向，致力于高层次的人才培养与科技研发，着力发挥高校在区域科技进步和产业发展中的作用。从基础研究的重点实验室到应用基础研究和工程化研究的工程实验室、工程研究（技术）中心，构成了高校主导的技术研发链条。

这种以高校为载体建立的工程实验室和工程研究中心大多采用非独立法人的组建模式，往往依托某个学院建设，利用其深厚的学术积淀和学科优势，以某个学科带头人（很多为院士、长江学者或千人计划人才）作为工程实验室或工程研究中心主任，整合学院原有的相关研究室和研究团队，聚焦某一产业技术方向，构建起工程化研究的创新环境和条件。在这个过程中，高校平台与企业的合作更多是以合作研发、委托研究、成果转移（专利转让和专利许可）的形式展开，双方责、权、利更多是通过具体项目合作协议（合同）予以明确。例如，冶金及化工行业废气资源化工程研究中心就是依托昆明理工大学而建，采用"国家主办、大学代管、中心相对独立"的体制，实行"产业目标、开放创新、科学评价、效益优先"的运行机制。

云南省为主管理的83个产业技术创新平台中，以高校为主建立的工程实验室14个、工程研究中心12个，占总数的31.3%。从实践和具体的评价情况看，以高校为主导建立的工程研究中心（工程实验室）大部分运行良好，这与高校良好的学科基础、梯次的人才储备和团队结构、科研产出的绩效评价导向以及源源不断的研究生资源等优势密不可分，特别是其中的职称评定要求对高校老师参与产业技术研究和承担国家项目有一定的正向压力和促进作用，使高校平台在学术与技术带头人数量、创新团队数量、省级以上科技项目数、国际交流与合作情况、省部级以上科技奖励获得、高层次收录论文数量等方面明显优于院所和企业承担的平台。这些平台在建设运行过程中产生了大量的产业技术领军人才，甚至成为孕育"工程院院士"的最主要阵地。然而，研发方向与市场需求结合度不高、研究经费来源过于依赖国家项目和政府投入、重"项目申报、论文发表和科研奖励"而轻视"成果转化和产业化应用"等问题在这些以大学为主导建立的平台中也较为突出。虽然国家修订了《促进科技成果转化法》，各省也出台了《关于贯彻落实国务院实施〈中华人民共和国促进科技成果转化法〉若干规定的实施意见》等落实文件，但到了高校层面，由于缺少省市教育管理部门和财政部门的实施细则、政策落实责任不清、成果价值第三方评价体系不健全、转化交易平台建设滞后以及项目负责人担心承担国有资产在成果转化过程中流失的责任等原因，造成这些政策的执行"流于纸面""大打折扣"、产业技术成果的转化效率缓慢。

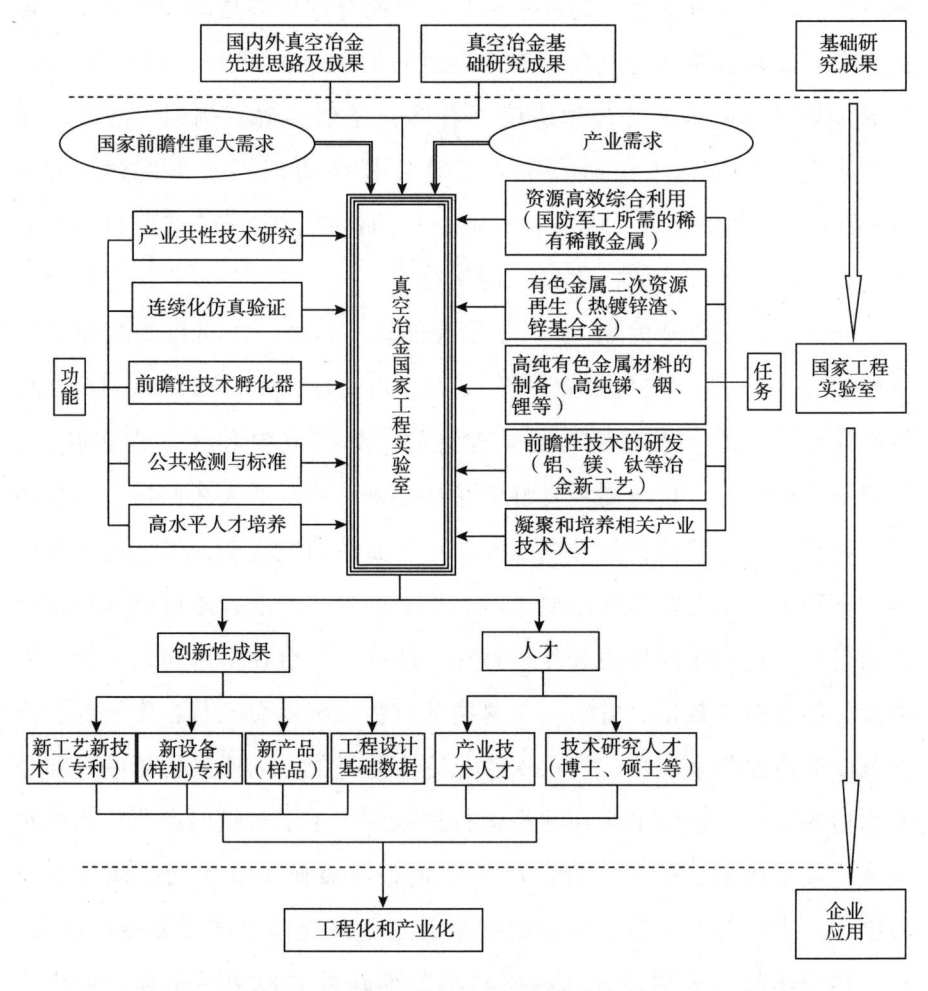

图 5-1 高校主导类型国家工程实验室的（典型）研发系统图

(二) 科研院所主导模式

事业单位性质的科研院所（机构）也是我国创新体系中的主要组成部分，中国科学院、中国工程院、各部委下属的研究院所、各省的研究院所承担了国家和省区大量的科技研究项目。由于国家和省级的工程实验室及工程研究中心可以获得倾斜性的项目和资金扶持，这些事业单位的科研院所对参与产业技术创新平台也有很高的积极性。此类工程研究中心/工程实验室大多实行理事会领导下的主任负责制。工程中心主任全面负责工程中心的工作，制定规章制度、定期召开工作会议和项目组首席专家会议、制定政策并创造良好的环境以稳定中心的固定技术队伍及促进科研人员的流动和技术的相互渗透、保持中心科研人员队伍合理结构、构建多学科合作平台。同时，工程研究中心实行项目首席专家聘任制。中心公开招聘项目首席专家，项目首席专家根据研究工作需要和项目实际情况聘任技术研究人员，其编制经中心主任核准后，纳入依托单位所投入的工程研究中心运行费用的管理。

这些依托事业性质科研院所建立的工程实验室和工程研究中心一般具有较强的科研积累，研发能力较强，但人员团队趋向老化；与企业合作更多是采取委托研发的形式开展，企业人员很少参与创新平台管理。

图 5-2 独立型工程研究中心的运行模式图

由于区域市场化发育程度低，云南省的科研院所大多还没有进行改制，经费来源仍然以财政经费为主，也承担部分企业委托的研究任务。在云南省的 83 个产业创新平台中心中，由这些科研院所承担的工程实验室有 5 个，工程研究中心有 10 个，占总数的 18.1%，其中像中科院昆明植物所、中科院昆明动物所等这样的"大院大所"往往一个所就申请承担了不同产业领域的多个产业技术创新平台。

从评价核查情况看，科研院所主导的产业技术创新平台大部分运行情况良好。从组织模式看，这些工程实验室和工程研究中心大多脱胎于原有的重点实验室或研究室，只是研究方向更贴近产业需要。大部分按照管理要求，组建了工程实验室（工程研究中心）理事会和专家委员会，聘任了工程实验室（工程研究中心）主任，有较好的发展规划和相应的管理制度。随着实施创新国家战略的持续投入，这些院所平台的研发设施装备水平和研究场地试验条件得到了大幅改善和提升，但制度层面有利于成果转化的"核心"运行机制仍然没有健全完善，反映在评价核查结果上的主要问题：一是平台发展的目标导向与人才绩效考核脱节，市场化产学研合作机制不畅，职称评审等评价体系的市场化导向不强，科研人员主动开展产业关键技术研发和推动科技成果产业化的积极性不高；二是创新收益分配不合理，科研人员获得产权性收益的途径虽有所拓展，但仍很有限，甚至面临法律风险；三是由于没有研究生培养任务（中科院系统和医学科学院系统除外），仅靠专职研究人员，研究力量储备和科研产出后劲明显不足；四是由于职称评定压力较高校教师低，所发表的高水平科研论文和获得的科技奖励等明显较由大学承担的工程实验室和工程研究中心的少。

（三）企业主导模式

主要依托单位为企业或企业集团的基本采用独立法人的组建模式。从有利于贴近产业、成果应用、技术扩散的角度，管理部门更倾向于支持"以企业为主体，高校和科研院所以无形资产入股，建立独立法人性质的研发实体（公司）作为工程实验室和工程研究中心的建设管理运行承担单位"的创新平台组织模式。此类工程研究中心采用公司法人的形式运行，按照完善的法人治理结构要求设立董事会、监事会，实行董事会领导下的主任负责制。同时，中心设立技术委员会，技术委员会为中心技术决策机构，负责审查批准中心的发展规划、发展目标、技术方案，审核重大项目技术方案，评估成果的技术水平等。

这种模式遵循了社会主义市场经济下由市场配置资源的基本原理，是打破科研和产业"两张皮"、促进科技成果转化、提升创新驱动支撑能力的最直接途径。平台本身兼具产业公共服务职能及市场化盈利模式，在某种程度上获得政府资金或资源支持，具有相对较强的生命力和扩展性。在发达省区，很多工程研究中心都是以这种模式建立。随着共享经济和平台经济时代的到来，越来越多的企业朝着平台化模式转型，承担起更多的产业技术供给和产业公共服务的职能。

产业主导的平台另一个特点是较高的成果转化效率。工程研究中心和工程实验室主要通过两种模式进行成果转化：一种是产学研的转化模式，即平台通过与高校或其他科研机构合作，研发新技术和新产品，推动科技成果向行业转移，实现其工业应用，取得理想的经济效益。这种模式具有职责分工明确、合作积极、优势互补、互惠互利的特点，是目前科技成果转化模式中效果较好的一种。另一种则是自主转化模式，即高校或科研院所的科技人员自带研发的具有自主知识产权的成果，直接兴办高新技术产业或以技术入股方式为工程中心提供服务，自主实施转化并形成生产力。通过自身的研发力量，将研发的科技成果或引进的专利技术实施转化并形成产业。

在云南等西部地区，由于产业发展层次低、产业体系不健全、企业科技投入不足，采取独立法人形式的工程实验室和工程研究中心可以说是凤毛麟角。反映在具体实际中，由于企业、高校、院所、政府等参与方的诉求不一，难以简单地按照"股权比例"进行责权利划分，管理难度较大，造成要么工程实验室和工程中心实质上只是"企业技术中心"，甚至沦为"质控中心"或"检测中心"，不重视共性关键技术的

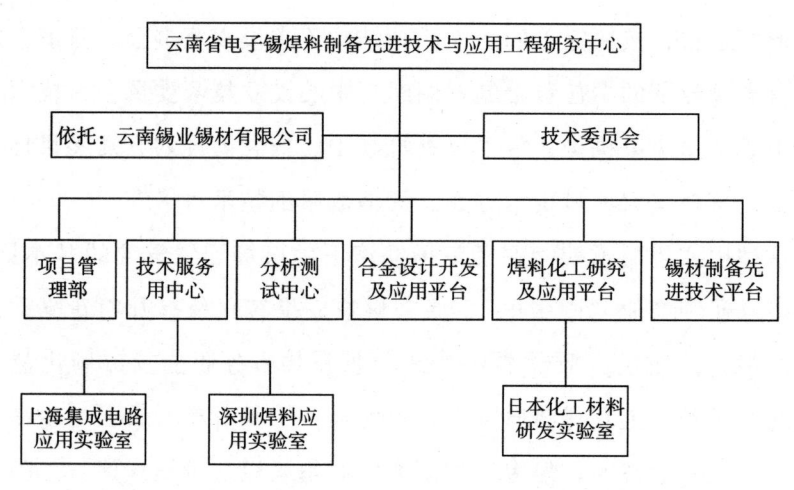

图 5-3 企业主导模式的工程研究中心的典型组织结构图

研究和推广扩散；要么是合作各方在研究经费划分、知识产权占有、成果收益分享等方面意见不合、相互掣肘、内耗过大。但总体来看，具有独立法人的工程研究中心或工程实验室在经费投入和人才管理上有较大的自主性，受单位的行政干预较少，年度投入经费比较有保障，一般都能形成稳定并逐年增加的投入机制。非独立法人组建模式的联合创新平台大多采用理事会或管理委员会的方式，单位的行政干预较多，而且由于依托单位为高校或科研院所，经费的投入力度也较小，管理中涉及的决策程序比较复杂，特别是高校为主要依托单位、又有企业参与的，会因校园文化和企业文化的差异，以及新增投入过程中形成的固定资产的处置和产出的新技术成果、专利的收益分配等带来管理中更加复杂的问题。

就云南省的具体情况而言，依托企业建立的工程实验室有9个，工程研究中心有33个，占总数的50.6%，是工程研究中心组建的主要模式，基本覆盖了云南省重点产业培育的大部分领域。从评价情况看，这些平台的运行情况参差不齐，其中，评价结果为优秀的占比明显低于高校承担的平台。就所获得的技术成果而言，依托企业建立的工程实验室和工程研究中心更关注专利、新产品、标准的产出，所产生的直接经济效益也好于其他两类。不过，由于在争取国家项目、发表高水平论文、获得国家和省部级奖励上以及国际合作交流等方面的短板，拉低了这些创新平台的评价分值。此外，相对灵活的管理体制又使企业承担的这些创新平台在场地条件、成果转化和经济效益方面要好于高校。

在这42个企业承担的平台中，云南锦科花卉工程研究中心有限责任公司的"花卉新品种开发与生产国家地方联合工程研究中心（云南）"和云南省微生物发酵工程研究中心有限责任公司的"微生物菌种筛选与应用国家地方联合共建工程研究中心（云南）"是以工程研究为核心业务、以工程中心名义注册成立的独立法人性质的创新平台，因其架构合理、产权明晰、责权统一而运行情况都很不错，评价结果分别为优秀和良好。

其中"花卉新品种开发与生产国家地方联合工程研究中心（云南）"是由云南省农科院花卉研究所和昆明锦苑花卉产业有限责任公司共同发起组建的，注册资金1500万元，昆明锦苑花卉产业有限责任公司占股65%、云南省农业科学院占股35%。为实现工程研究中心的可持续发展，公司先后出台了《花卉新品种开发与生产国家地方联合工程研究中心发展规划》《花卉新品种开发与生产国家地方联合工程研究中心管理制度汇编》《花卉新品种开发与生产国家地方联合工程研究中心创新合作及成果转化机制》《花卉新品种开发与生产国家地方联合工程研究中心人才培养管理办法》等内部管理文件，理顺了参与各方的关系、内部制度职能和奖惩激励机制。在产学研方面，"花卉新品种开发与生产国家地方联合工程研究中心（云南）"建立了全方位的对外开放与合作运行机制，重点为园区内的企业或研究单位提供完善的技术服务和人才培训工作，促进研发成果的产业化转化。以各种技术服务内容为指标，建立标准化的研究和服务程序，建立合同研究机制，以市场化运行方式运作，保证技术服务的质量和效率。企业人员可进入中心参与研究或全委托、合作等。通过企业人员参与研究，为企业培养既懂研究又掌握工程化的人员。具体的服务形式有：技术服务、联合开发、联合申报课题、人才培养、专家现场咨询服务、单项技术转让、综合配套技术转让等。合作模式主要有：自主开发，提供新产品；委托研究开发，提供各类技术服务；与企业合作开发，共担风险，实现共赢的合作开发模式；中心承担前期风险较大的研发，孵化成熟期企业可介入，利益共享，充分体现中心的公益性。通过产学研合作，优势互补，加快科技成果的产业化，加强与其他企业、高等院校、研究院所的交流与合作，共同发展。在项目合作中，积极利用政府的引导和协调作用，对合作项目进行管理，积极争取政府支持。近3年来，中心联合云南锦苑花卉产业股份有限公司、云南省农科院花卉研究所、昆明国际花卉拍卖交易单位、云南云科花卉有限公司等单位先后获得市级以上政府扶持科研项目10项，其中包括国家科技支撑项目、省重大专项等，项目总经费17111万元，财政资金3709万元。中心建立起以花卉所为技术源，以锦科、锦苑公司为转化渠道的成果转化模式，加速了成果快速转化应用。在项目和资金的支持下，中心连续突破了高产抗病新品种选育、主要花卉低耗高效繁育、肥水循环利用和精准种植、鲜花陆地运输全程冷链等产业10余项重大关键技术，并完成了工程化验证；获花卉新品种授权27个，新申请11个；获专利授权15个；主持或参与行业及地方标准制定14项；获得省部级奖励3项，其中一等奖1项；转让或授权使用专利和品种11个，实现直接收入7036万元；带动农户和企业实现经济效益超过15亿元，引领了云南省花卉的技术进步和产业升级。

第六章

促进产业技术创新体系建立健全的对策

一 更新观念、深化对创新驱动内涵的认识

加强产业技术创新体系建设不仅需要从宏观战略上来深入认识其对提升产业核心竞争力和可持续发展能力的重要作用,而且需要在中观和微观层面上,加深对创新内涵的认识,才能使创新体系产生的价值真正在实践中得以体现。

(一) 充分理解创新是动态非线性交互型的模式

当前对创新理论的认识出现滞后现象,大多还停留于单纯的技术创新和线性模式的认识层次上,仅依据某几个指标对创新行为进行管理和评估往往会导致错误的判断。实际上,创新远非技术范畴和线性模式,而是动态非线性交互型的模式。创新过程由多个层次和多个环节构成,是多个内外的行为主体参与的动态交互过程,需要应用系统论从多个维度对创新平台和创新体系进行研究。在这个过程中,对创新概念的重新认识和再定义特别突出了两点:强调创新的价值实现,创新的价值实现是创新概念的核心要义;极大扩展了创新概念的范畴,从单纯的技术创新扩展到全社会领域的非技术性创新。

既然复杂的交互作用是创新过程最重要的特征,创新交互的效率就

取决于创新交互过程中各层次、各环节和各参与主体间关联（linkage）的畅通与否。从这个意义上来说，创新关联是创新绩效乃至成败的关键。保证创新关联的畅通是国际社会创新战略研究的中心议题，并已经成为国际创新计量测度的重要指标。

（二）科学把握创造知识是创新活动的核心

知识的创造、传递与运用贯穿了创新交互的全部过程，过程中各参与主体释放、获取、配置知识并产生新的知识，而创新的最终结果是形成体现在产品中的结构化知识。知识的创造是创新活动的核心，也是创新的最终归宿，而知识的创造过程就是新知识的获取过程，所以创新过程的本质便是学习。

体现知识创新（科学发现）和技术创新的密切衔接与融合应该包括3个环节：上游环节——科学发现和知识创新，中游环节——科学发现和创新的知识孵化为新技术，下游环节——新技术的应用和扩散。

就产业技术创新而言，新产品、新工艺和新标准的产出构成了整个创新活动的核心。或许商业模式创新可以带来巨大的市场价值，但企业间、区域间、国家间的产业核心竞争力的终极对决势必要回归到技术层面的知识创造。

（三）深入思考创新生态系统的构成

既然创新是由多个层次和多个环节构成，是多个内外的行为主体参与的动态交互过程，创新生态系统的理念便成为创新系统理论的核心，也就是说，需要用系统方法实时地分析现实创新体系各个环节和层次的有效性，并随时采取必要的政策措施来保障创新关联的畅通、提高创新的效率、避免现实系统的失效。

我们可以按照对扩展了的创新内涵的认识把创新分为4类：产品创新、流程创新、营销创新和组织创新。

——产品创新：使用性能和特征上全新的或显著改进的产品（商品和服务），包括固化了知识和技术创新的全新的产品和显著改进的产品。

——流程创新：采用全新的或显著改进的生产或/和传输方法，包括技术、装备和软件上的显著改进以及传输方法的改进。

——营销创新：采用新的市场营销的方法，包括产品设计或包装、产品分销、产品推广和定价的显著改进。

——组织创新：采用新的商业操作、商业模式、工作组织、外部联系的组织方式。

当下最时髦的互联网电商、共享经济、区块链技术等更多是一种商业模式的创新，它正在深刻地改变着商品和服务的生产组织、供应链结构、投融资模式、盈利模式、消费者和生产者关系等商业社会的各个方面。但是从商业模式创新的本质上讲，其对产业技术的创新更多是提供了市场的需求和反馈，并不能直接推动科学技术的发展和进步。

在此过程中，正如颜廷标（2018）[①] 所言，要推动创新政策的3个转变，一是由支持单一环节向支持创新链条与产业生态圈转变。二是由简单分割式支持向按照不同阶段确定支持强度转变。三是由单一部门分散支持向多个相关部门协同支持转变。

(四) 主动适应创新驱动的增长方式

创新驱动的增长方式就是要从主要依靠物质要素投入推动经济增长向创新驱动转变，也就是要利用知识、技术、企业组织制度和商业模式等创新要素对现有的资本、劳动力、物质资源等有形要素进行新组合，

[①] 颜廷标：《区域特质视角下的创新驱动发展路径选择——以河北省为例》，《经济论坛》2018年第7期。

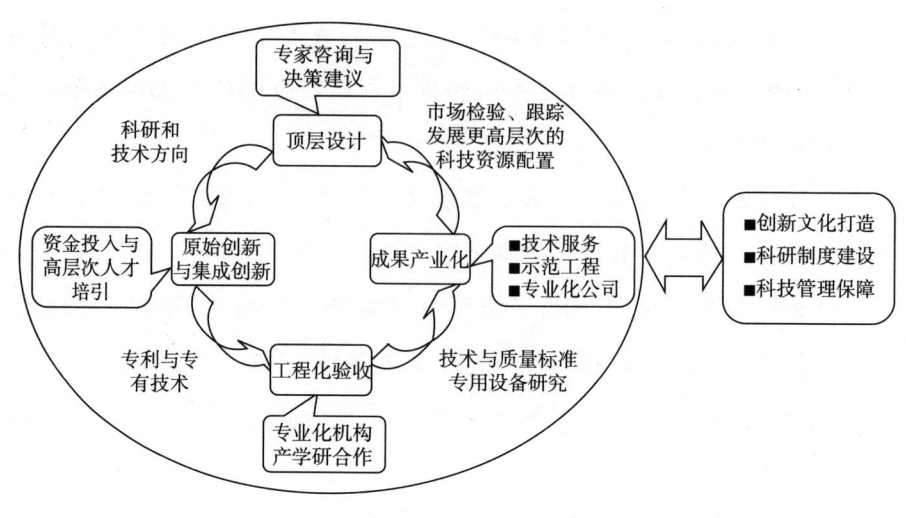

图 6-1　创新生态系统的典型模式图

以创新的知识和技术改造物质资本、提高劳动者素质和科学管理，在减少物质资源投入的基础上实现经济增长。

习近平总书记对科技创新的重要作用做出了深刻诠释："之所以要把科技创新摆在这样突出的位置上，是因为这是加快转变经济发展方式、破解经济发展深层次矛盾和问题、增强经济发展内生动力和活力的根本措施。"

创新驱动的增长方式不只是解决效率问题，更为重要的是依靠知识资本、人力资本和激励创新的制度等无形要素实现要素的重新组合，是创造新的增长要素。从这个意义上来说，创新不是单纯的工艺创新，更为明显的成果是产业创新。它意味着采用最新的科技成果来促进产业升级、提高产品附加值，也就是通过科学技术成果在生产和商业上的应用和扩散，推动形成具有自主创新能力的现代产业体系。

在国内市场需求不足的情况下，需要通过供给侧改革来释放市场潜能。创新永远来自市场，所有供给侧改革的政策和制度都应该围绕着如何提高企业的效率、如何促进企业的创新、如何提高创新产出来进行设计，而不是替代企业搞创新。政府在这个过程中应该思考如何营造一个良好的环境、如何去进行制度上、模式上和政策上的变革,从而使企业能够在这样一个环境中更积极、更主动、更投入地进行创新。

二 准确把握云南省重点产业培育和产业技术突破的方向

推进高质量发展是中国特色社会主义新时代的根本要求,"一带一路"建设则是推动供给侧结构性改革、扩大对外开放、扩展发展空间、融入国际分工体系的重要举措。党的十九大报告提出,中国特色社会主义进入新时代,我国社会主要矛盾已经转化为人民日益增长的美好生活需要和不平衡、不充分的发展之间的矛盾。深入实施西部大开发战略为西部地区产业发展带来了机遇,"一带一路"建设进一步为西部地区发展提供了平台。厉以宁(2017)[1]指出,只有把传统的数量型、速度型发展方式转变为质量型、效益型发展方式,中国才有可能及早跨越所谓的"中等收入陷阱"。我国以往采取的"跟随追赶"模式被长期锁定在发达国家跨国公司所主导的全球价值链低端,难以实现价值链的高端攀升。(刘友金等,2018)[2] "一带一路"倡议的实施为西部承接东部地区产业转移提供了良好的机遇。孙黎和李翔宇(2017)[3] 运用SWOT分析"一带一路"与西部大开发协同发展背景下我国西部地区经济发展的内部环境(自身的优势与劣势)和外部环境(机遇与挑战);杨琦等(2017)[4] 从云南研发开发的机遇和挑战切入,提出了沿边开发、主动融入"一带一路"倡议的对策建议。

---

[1] 厉以宁:《转变发展方式和新动能的涌现》,《理论导报》2017年第3期。

[2] 刘友金、周健:《"换道超车":新时代经济高质量发展路径创新》,《湖南科技大学学报》(社会科学版)2018年第1期。

[3] 孙黎、李翔宇:《"一带一路"与西部大开发协同发展背景下中国西部地区经济发展的SWOT分析》,《经济视角》2017年第5期。

[4] 杨琦、张洪波、郭新榜:《沿边开放主动融入"一带一路"倡议研究—以云南为例》,《学术探索》2017年第7期。

西部边疆民族地区作为欠发达地区,迫切需要通过主动融入"一带一路"建设来转变发展方式、加快新旧动能转化、提升创新支撑、积极参与国际产业分工合作、尽快缩小与东部发达地区的差距、实现区域协调和高质量发展、全面建成小康社会。

(一) 云南重点产业培育的路径思考

从云南的实际出发,需要紧密跟踪国际最新的技术创新和产业发展动态,坚持问题导向、需求牵引,高标准、大范围、跨领域进行经济技术交流与合作,整合和集成新资源,在合作中提升技术创新能力和产业发展水平。

围绕贯彻落实中央"推动高质量发展、建设现代化经济体系"的要求和云南省委、省政府打造世界一流的"绿色能源""绿色食品""健康生活目的地"3张牌的决策部署,根据新时代新发展阶段国内外形势的新变化、新要求,结合云南产业发展基础、资源禀赋等特点,提出了如下的云南产业培育路径。

一是构建"传统产业+支柱产业+新兴产业"的迭代产业体系,推动产品从价值链低端转向中高端,提高产业发展的质量和效益,提高劳动生产率和全要素生产率,促进创新要素质量的全面提升和结构优化。首先,要全面推动劳动力要素的升级和结构优化。未来一段时期,要按照社会经济发展的需求,把精英教育与创新创业教育相结合,加强职业技能教育体系,培养一批高水平技术工人。其次,要推动资本要素的升级和结构优化。从财政资金看,要改革科技投入和评价体系,进一步发挥政府资金的引导作用,强化企业的主体地位,提高全社会研发资金的使用效率。从金融体系看,要发展"创新友好型"金融体系,完善多层次资本市场,以资本要素引导创新创业和产业转型升级。再次,以更宽的视野在开放合作中提升产业的创新能力和全球竞争力。要紧密跟踪国际最新的技术创新和产业发展动态,坚持问题导向、需求牵引,高标准、大范围、跨领域进行经济技术交流与合作，整合和集成新资源，在合作中提升技术创新能力和产业发展水平。最后，要坚持推进公共资源配置市场化。要破除行政垄断、行业垄断和地方垄断，强化竞争和统一市场，使土地、矿产等稀缺的公共资源能够成为产业升级的杠杆，而不是利益输送的手段。

二是逐渐协调实现产业错位布局发展。云南传统支柱产业发展过程中的产业集群布局资源导向型的特征明显，产业集群带动周边经济发展的辐射力度不够，产业集群依旧处于数量扩张的阶段，而且集群间的产业同构现象明显，导致了产业雷同、产品重复等问题，继而引发经济发展过程中的地区性分割与封锁，区域经济发展的专业化分工程度较低。为此，需要推进区域间产业协调错位发展，严格执行国家重点生态功能区的产业准入负面清单等区域产业准入政策，依照各州、市、县所具有的自然条件、资源与环境的承载能力、产业发展基础，不断实现区域间的产业协调错位发展。以区域性中心城市为依托，推进城市特色产业的错位发展，形成各地区内部大中小城市合理分工、科学布局的现代产业发展的新格局。

三是加快主导优势产业向链条两端延伸。云南当前传统支柱产业中的生物、能源、有色矿冶等优势产业集中于产业链条低端的原材料采掘等环节，产业链条高端的研发设计和精深加工等环节发展欠缺，使产品附加值较低、深加工和技术密集型产品较少。因此，传统支柱产业的转型升级应该通过构建梯级升级的产业链条，以实现产业价值链的延伸，着力打造精深加工产品。一是实现纵向联合，以龙头企业为先导，向下游扩散产品，以实现产品链的延伸；二是推进横向联合，关键技术由核心企业掌握，关键市场处于产业链两端，链条中间的企业加工能力尽可能扩散。

四是持续培育循环经济产业。国家提出要打赢污染防治攻坚战的战略部署的下一步将围绕打赢蓝天、碧水、净土保卫战，全面推进绿色发展。因此，云南产业培育的过程中需要寻求有效的循环经济发展模式，着力推进清洁生产、节能减耗、提高资源及能源的利用效率，在产业集群内部构建企业之间的循环经济链，实现废弃资源的再利用，在产业层次上重点实现共赢经济发展方式的转变，实现工业结构的快速优化调整，集中力量在火电、有色金属、食品等劳动力密集、资源与能源消耗较大、废弃物和污染物排放较多的产业优先推进循环经济的发展。

五是实现龙头企业与中小企业的协同发展。为了更好地带动传统支柱产业的转型升级，需要在重要行业和关键领域培育核心竞争力较强且具有可持续发展能力的大型企业集团。在此基础上，不断扩展龙头企业的数量和规模，以优势产业为依托，打造全产业链。还可通过企业并购、联合重组等多种方式，实现优势企业的强强联合或跨区域的兼并重组，逐渐形成一批跨地区、跨行业的大型企业集团。通过大型企业集团不断增强的辐射带动力，推进大型企业集团与中小型企业的产业链接，不断引导大型龙头企业由产品制造者向解决方案提供者转型，实现产业链的整合，集中精力发展产业链的核心环节，向中小企业延伸产业链和资本链。龙头企业还可以积极发展业务外包，以技术、管理、市场等各种形式为中小企业提供援助和支持，带动中小企业提高专业化的配套能力，构建现代产业分工合作网络。

六是加快创造新的产业增长点。加大传统领域的企业技术改造、增资扩股和兼并重组力度，推动信息技术与制造业的深度融合，鼓励上下游企业集群配套，促进现有企业增资重点投向装备更新、节能减排、研发设计、品牌建设、售后服务、市场拓展等高附加值环节，推动产业由生产型制造向服务型制造转变，释放工业机器人、制造与服务融合、生产性服务业等产业新增长点。顺应"互联网+"的发展大趋势，加快物联网、移动互联网、云计算、大数据等向农业、工业和服务业的渗透拓展，打造适合的"智能生产模式"和"智能工厂"，助力传统产业的转型升级，催生一批新业态和新模式。促进供给与需求相结合，进一步鼓励创新，为成果转化应用提供条件，强化需求侧和消费侧的政策指引和支持，将扶持政策重心逐步从生产制造环节向市场需求环节转变，从重供给、轻需求向更加注重培育和扩大国内市场转变，充分运用价格杠杆、完善基础设施等手段，优化新技术和新产品的市场应用环境。深化新兴领域的审批制度改革，系统解决一批长期制约新兴领域发展的制度障碍，继续推进石油、天然气、电力、铁路、电信等基础产业领域的改革，在增速回落中积极培育新的增长动力。

(二) 云南重点产业培育的方向

1. 加快发展高原特色现代农业和绿色食品产业

坚持用工业化理念、产业化思路谋划高原特色现代农业发展，构建新型农业经营体系、发展农村经济、培育高原特色优势产业、加强农业基础建设、推进农业科技服务创新、增强创新动力、厚植发展优势、加快推进农业现代化进程、推进农产品从种植到加工到销售的一二三产业融合。

(1) 积极发展高原特色农业

围绕全省实施"百亿斤增粮计划"，稳定播种面积，主攻单产和品质，提高复种指数，促进粮食增产增收。切实抓好良种良法、高产创建、间套种、地膜覆盖、测土配方施肥、病虫害防治等科技增粮措施，创建一批集中连片、设施配套、高产稳产、生态良好、抗灾能力强的基本农田，积极扶持光伏农业。大力调整优化品种结构，推广高（多）抗优质水稻和玉米新品种，积极发展小麦、油菜、冬早玉米、冬大豆、冬早马铃薯种植。积极创建特色经济作物高产示范基地，巩固提升烤烟、蔬菜、甘蔗、茶叶、木本油料、药材等特色产业。加快传统优势种植业向适宜区转移，逐步形成种植业区域化布局、规模化生产、产业化经营的格局。依托温室大棚种植，发展农业光伏一体化项目，合理发展林下香料、中药材种植。加快热区开发，发展热带、亚热带特色水果产业。以发展山地、高产、优质、高效、生态、安全、循环型畜牧业为重点，坚持产业化带动、规模化发展、标准化生产、设施化养殖，强化良种繁育、饲料保障、疫病防控、科技支撑、质量安全体系建设，实施生猪产业提升、肉牛肉羊出栏、禽肉禽蛋产量推进、奶源基地建设、特色畜牧养殖、畜产品加工增效6大工程，构建现代畜牧产业体系，全力打造国家生猪调出大县、禽蛋基地、常绿草地畜牧业基地、特色奶源基地和畜产品加工基地，积极培育加工龙头企业，着力打造知名品牌，大力调整改善畜禽产品结构，处理好畜牧发展与生态环境的关系，全面提高畜牧业的综合生产能力和效益。充分利用现有养殖水面，大力发展净水渔业和保水渔业，鼓励发展水产养殖太阳能光伏发电一体化项目，因地制宜加快发展池塘养殖、河流养殖和稻田养殖工程，努力提高水产品产出率。

（2）培育壮大新型农业经营主体

围绕推进高原特色现代农业发展，依托云南丰富的农业资源、良好的区位优势、绿色生态的环境，通过增强原料保障、推进技改扩能、加快市场拓展、创新融资方式、完善科技支撑、推动产业聚集等，提高农业龙头企业发展质量；鼓励龙头企业向前延伸建立原料基地，并借助基地发展以观光、采摘为主的休闲农业。以创建各级示范社为抓手，抓好农民专业合作社建设，提高运行质量、经济效益和带动水平。

（3）大力发展食品加工产业

发挥资源和区位优势，扶优扶强，加快"云品"特色食品加工业的发展，提高技术装备水平、健全标准体系、加强品牌建设、积极开拓市场、大力发展食品与消费品制造业。利用云南及周边省区和国家的资源优势，建设特色产品加工片区基地，重点打造茶、酒、糖、油、核桃、咖啡、果蔬7类过百亿元的云南特色食品加工业。加强对中东、欧洲等地区的农产品需求调查研究，针对其民族习惯、技术标准、市场准入及云南农产品的比较优势等，以绿色食品为核心，加快培育云南面向中东地区的商贸企业，打通云南高原特色农产品在中东地区的销售渠道，努力将云南的优质农产品打进国际市场。

2. 积极打造绿色能源产业和新型载能产业

按照保障供应、适度超前的要求，结合云南电力需求的增长趋势，进一步加快干流水电站建设、适度有序开发中小水电、稳定火电产能，以满足省内水电铝和水电硅的发展需求及新型城镇化发展，加快建设骨干电网和载能产业配套电网，继续做好石油炼化基地的建设并推进下游产业发展，促进云南绿色能源产业加速发展。

（1）加快推进电力开发建设

继续建设干流水电基地，加快推进金沙江下游的乌东德与白鹤滩，澜沧江上游的乌弄龙、里底、黄登和大华桥等水电站的建设，争取在"十三五"期间建成投产。加快开展澜沧江上游的古水与托巴、澜沧江下游的橄榄坝航电枢纽、金沙江上游的旭龙与奔子栏等水电站的前期工作，争取尽快开工建设。坚持科学、规范、有序的原则，优化提升中小水电，提高已建成的中小水电站的运维水平，强化对在建的330万千瓦中小水电的管理，综合考虑开发建设成本、经济社会发展需要与生态环境保护，进一步深入研究中小水电的建设问题。稳定现有火电装机，提升火电长期备用能力，根据市场需求，确保电煤供应，有序释放现有火电产能，改善火电企业的生存条件。继续对风电和光伏发电的发展进行控制与规范管理，正确引导全省各州市结合实际审慎推进在建光伏扶贫项目。"十三五"期间暂缓风电项目核准和除光伏扶贫外的太阳能项目备案。根据电力市场的建设情况，认真分析供需关系，提前研究布局"十四五"光伏发电、风电和生物质发电的规模。

（2）推进成品油的生产利用

积极扩大中石油云南炼油项目的生产能力并尽快实现达产，鼓励支持中石油云南炼油项目扩大生产，完善省内成品油输送管道，促进云南生产成品油就地消纳，推动中石油云南炼化基地一期达产，大部分成品油就地供应及供应周边市场，努力实现成品油供需平衡，延伸石油炼化产业链，培育云南能源产业的新增长点。推进供给侧结构性改革，布局石油炼化二期项目，重点发展以大型乙烯、芳烃为重点的基础石化项目，延伸石油炼化产业链，培育云南能源产业的新增长点。

（3）延伸绿色载能产业链

延伸发展水电铝材载能工业，抓住节能减排、自备电厂规范管理等形成的水电铝发展"窗口期"，以"绿色能源牌"加强招商引资，认真落实"水电铝材供电方案"，实施优价满发政策，加快鹤庆水电铝25万吨（将增加20万吨指标）、昭通（70万吨）、文山马塘水电铝（50万吨）、河南神火落地文山富宁90万吨、四川其亚落地鹤庆90万吨的供电设施建设，确保新增水电铝项目按期用电，减少全省弃水电量，实现电力行业新增增加值约110亿元。推进水电硅材载能工业发展，做好已签约的晶硅项目供电保障的设施建设，推动新的晶硅、硅片、电池和有机硅项目落地。发展新能源汽车，加快建设充电桩等基础设施，促进新能源汽车产业的发展，支持引进新能源汽车整车和电池、电机、电控等零配件企业，尽快形成完整的产业链。

3. 大力发展生物医药和大健康产业

统筹利用生物医药、医疗、生态旅游等优势资源，鼓励发展多样化健康产品和服务，构建集健康、养老、养生、医疗、康体等为一体的大健康产业体系。

（1）促进生物医药产业的创新发展

以新药研发为重点，整合全省生物医药领域的创新资源，以原创性突破和二次资源开发为核心，提升新药研发水平，推动重大药物产业化。建设优质中药材和健康产品原料基地，建设良种基地。重点发展中药（民族药）和生物技术药，加快推进中药现代化，着力推动新型疫苗、抗体药物、多肽药物等生物制品的创制。有选择地发展化学药，积极发展功能性保健品。严格生产质量管理、提升质量控制技术、完善质量标准体系、促进绿色安全发展。紧密衔接医改，营造良好市场环境。

（2）发展全域旅游

实施全省旅游产业转型升级3年行动计划，大力发展通用航空，培育发展高端精品旅游服务，推动以观光型旅游产品为主向，以观光、休闲度假、专项旅游产品等复合型产品为主转变，着力推进云南全域旅游发展。拓展旅游发展空间，积极发展医疗旅游、养老旅游、康体旅游等，大力发展跨境旅游，打造国际精品旅游线路，开发出线上线下有机结合的旅游服务产品，推动旅游定制服务。优化旅游发展环境、整顿旅游市场秩序、提升旅游服务质量，强化"七彩云南、旅游天堂"的整体形象塑造和宣传推广。推进文化创意和设计服务与相关产业的融合发展，着力发展新闻传媒、出版发行印刷、歌舞演艺、影视音像、文化休闲娱乐等文化产业，积极发展具有民族特色和地方特色的传统文化艺术，鼓励创造优秀文化产品。推进旅游与文化深度融合，提升旅游发展文化内涵，加快建设历史文化旅游区、红色文化旅游区、主体文化游乐园、民族文化旅游基地，着力打造文化旅游节庆品牌和精品演艺产品，以"南博会"和"旅交会"为重点加快会展业发展，拓展旅游文化新业态。

4. 加快传统产业改造升级

传统支柱产业的转型升级应该通过构建梯级升级的产业链条，以实现产业价值链的延伸，着力打造精深加工产品。一是实现纵向联合，以龙头企业为先导，向下游扩散产品，实现产品链的延伸；二是推进横向联合，关键技术由核心企业掌握，关键市场处于产业链两端，链条中间的企业加工能力尽可能扩散。通过推动企业联合重组、用先进适用技术改造提升、严格控制产能盲目扩张、努力延伸产业价值链等，加快煤炭、火电、钢铁、有色、化工、建材等为重点的传统产业优化升级，增强产业竞争力。

（1）烟草

以改革创新为动力、以多元发展为突破、以优化资源为抓手、以依法治企为保障，稳定规模、提质增效、优化布局、创新发展，着力推进烟草产业转型升级，提升云南优质烟叶和卷烟的核心竞争力与市场占有率，努力成为全省经济发展的稳定器、产业发展的火车头、全国烟草行业的排头兵。加快建立绿色生态烟叶标准体系、大力创新烟叶生产组织形式、推进适度规模种植、提高专业化服务水平、降低烟叶生产和劳动用工成本，促进现代烟草农业建设水平步上新台阶，巩固提升云南烟叶在中式卷烟配方中的核心地位和领先地位。加快调整卷烟产品结构，引导和培育香烟的时尚需求，加快研发低焦、低害的卷烟产品及市场培育，高度重视富有文化创意的新兴产品的开发拓展，满足消费者的个性化需求，推动产品结构向中高端发展，不断提高产品品质。深化卷烟营销市场化改革，加强营销网络建设。

（2）冶金

严格控制钢铁、铝、铅锌和锡的产能总量，推动联合重组、加大先进技术改造、提升力度、大力调整产品结构，支持优势产能走出去。利用好国务院加快沿边地区开发开放政策，发挥云南紧邻南亚和东南亚的地缘优势，引导有条件的企业，通过开展国际产能合作转移部分产能。鼓励有条件的企业实施跨行业、跨地区、跨所有制化兼并重组，退出部分过剩产能。加快技术进步，推进绿色发展。提高低品位矿、共伴生矿、难选冶矿、尾矿、废渣等资源利用水平，扩大再生资源和境外资源利用。以设备大型化、技术高新化、废弃物资源化为导向，提高行业技术装备水平，搞好节能及资源综合利用，提高有价资源综合回收利用率。加快产业纵向延伸拓展，横向配套协作。发展型钢、优钢、特钢、复合板材，加大高强度抗震钢和钢结构建筑推广应用，推动钢铁等与服务业的融合发展。大力发展有色金属深加工，推动铜、铝、钛板带、合金材料等的快速发展。

（3）建材

巩固提升建材产业。加快建材行业结构调整，大力发展节能环保型和绿色建筑材料,加快开拓周边国家市场。严格控制水泥产能总量,加快淘汰落后产能,有序调整和优化水泥布局,支持协同处置城市垃圾,加快企业兼并重组。开发节能、节土、综合利用资源、保护环境的新技术、新工艺、新产品,大力调整产品结构,增加品种,提高质量,发展新型建材及深加工产品。积极发展新型墙材。大力发展石材产业,加快开发大理石、花岗岩、米砂岩、板岩、石膏等石材,发展多品种、多规格、多档次的装饰石材,丰富产品结构,做优做强石材加工业,形成石材产业集群。抓住中缅油气管道建成通气的有利条件,积极发展建筑陶瓷、卫生洁具、高档瓷器,力争陶瓷产业实现大发展。

(4) 化学工业

耦合发展煤化工、盐化工和生物化工,以合成树脂、合成纤维、专用化学品和基本有机原料等为重点,推动延伸精细化学品、纺织品等终端产品。鼓励发展精细磷化工,提高中低品位的磷矿、磷石膏以及氟硅资源的综合利用率。努力保持磷肥在全国的优势地位,优化化肥产品结构,引导缓控释肥、生物有机肥、水溶性肥等健康发展。着力抓好褐煤洁净化利用等新技术在新型煤化工行业的推广应用。淘汰落后产能,遏制产能扩张,压减电石、焦炭和黄磷总量,提高焦炭技术装备和资源综合利用水平。

5. 加快服务业发展

加快现代服务业发展、深化服务业改革、优化服务业发展政策环境,在推进旅游文化产业、现代物流产业等重点产业发展的同时,着力推动生产性服务业向专业化和价值链高端延伸、生活性服务业向精细和高品质转变。

(1) 推动生产性服务业向专业化发展

以产业转型升级需求为导向,加快发展生产性服务业,建设和提升生产性服务业的功能区,以政府搭台、企业唱戏为原则,支持建设生产性服务业的公共服务平台,推动服务业与农业、工业有机融合,推进农业生产和工业制造现代化,加快生产制造与信息技术服务融合,引导企业进一步打破"大而全""小而全"的格局,分离和外包非核心业务,向价值链高端延伸,促进产业逐步由生产制造型向生产服务型转变。深化科技体制改革,整合公共服务科技资源,强化科技基础设施和服务平台建设,加快发展技术转移、检验检测认证、创业孵化、知识产权等专业科技服务和综合科技服务。围绕绿色化发展需要,大力发展节能环保服务。鼓励制造业与相关产业协同处置工业"三废"及社会废弃物,发展节能减排投融资、清洁生产审核及咨询等节能环保服务。大力发展和推广融资租赁服务,支持企业进行设备更新和技术改造。鼓励企业将售后服务作为开拓市场、提高竞争力的重要途径。

(2) 促进生活性服务业向品质化发展

坚持以贴近人民群众日益增长的生活性服务需求、突出创新引领、强化公共服务为目的,着力推动生活性服务业向品质化发展。增加服务有效供给、扩大服务覆盖范围、提升服务质量水平,重点发展贴近服务人民群众生活、需求潜力大、带动作用强的生活性服务领域。充分发挥环境、气候、资源等优势,将健康产业与生物产业有机结合,提高健康服务业的发展水平,鼓励发展符合本地经济发展水平、满足多样化需求的健康服务。构建以城市为重点、辐射农村的养老服务网络,加快养老服务业发展,建设以居家为基础、社区为依托、医疗机构和社会服务组织为补充的养老服务体系。推动家庭服务市场多层次、多形式发展。加强现代批发零售服务体系建设,推动传统商贸流通企业利用互联网等先进信息技术进行升级改造。构建以大众化市场为主体、适应多层次和多样化消费需求的住宿餐饮业发展新格局,积极发展主题饭店、特色餐饮、农家乐等细分业态。构建完善的体育产业服务体系,坚持群众体育、竞技体育、民族传统体育全面发展,加快建设体育训练基地。以提升生活性服务质量为核心,完善政府、协会、企业多方参与的多层次培训体系,健全生活性服务业从业人员的岗位技能培训机制,发展形式多样的教育培训服务和特色职业培训。

6. 推动人工智能发展

加速开展人工智能技术与应用体系建设，培育人工智能产业生态，促进人工智能在经济社会重点领域的应用推广。

（1）培育发展人工智能

建立支撑超大规模深度学习的新型计算集群，构建包括语音、图像、视频、地图等数据的海量训练资源库，加紧建设人工智能基础资源和公共服务等创新平台。进一步推进计算机视觉、智能语音处理、生物特征识别、自然语言理解、智能决策控制以及新型人机交互等关键技术的研发和产业化，推动人工智能在智能产品、工业制造等领域的规模商用，为产业智能化升级夯实基础。

（2）推动人工智能技术在各领域的应用

探索在制造、教育、环境、交通、商业、健康医疗、网络安全、社会治理等重要领域的试点示范，推动人工智能在物流、智能产品、工业制造等领域上的应用。发展多元化、个性化、定制化智能硬件和智能化系统，重点推进智能家居、智能汽车、智能无人系统、智能安防、智慧健康、智能机器人、智能可穿戴设备等技术的研发和产业化发展。鼓励各行业加强与人工智能融合，推动产业智能化升级。发展人工智能创新服务，建设新型智慧城市。

7. 推进国际产能和装备制造合作

围绕电力、装备制造、冶金、化工、建材、轻工及物流等重点领域，创立实施一批重点产能合作项目，培育一批具有国际竞争力和市场开拓能力的骨干企业，建成一批境外产能合作基地，着力打造境外国际产能和装备制造合作的试验示范区。积极融入区域产业链、价值链和物流链，积极承接劳动密集型产业和汽车、先进装备制造、家用电器、建材、电子信息、生物医药等产业转移，加快建设外向型产业基地和进出口商品生产加工基地。依托南亚和东南亚等地区的能源、资源和市场，开展产业对接和产能合作，鼓励企业以多种形式参与基础设施、资源能源、园区开发等投资建设，开展电力、装备制造、冶金、化工等领域的产能合作，建立综合服务保障体系，带动云南设备、技术和服务"走出去"。推动优势企业在境外建立生产基地、研发平台和营销网络。积极参与投资、建设和管理老挝赛色塔综合开发区、老挝磨丁经济开发专区、缅甸皎漂经济特区等重要园区和港口。推动建立部省协同推进机制，打造国际产能和装备制造合作的新样板。大力发展海外工程承包和劳务合作。

8. 促进产业聚集发展

（1）加快滇中新区建设

以建成面向南亚和东南亚为辐射中心的门户枢纽、西南沿边开放型经济新高地、外向型特色优势产业示范基地、云南经济建设的重要引擎为目标，推进滇中新区建设有机融入昆明城市发展，坚持产城融合发展思路，加快发展高端装备制造、生物与医疗健康、石油炼化、临空产业与现代服务业、电子信息、新材料为重点的6大主导产业。依托产业链群培育实现产业合理布局，严格负面清单管理，引导不符合发展导向的产业逐步退出。大胆创新体制机制、搭建网络综合服务平台、组建公共资源交易中心、成立金融控股集团。加大招商引资力度，推进一批重大项目和专业园区的建设。

（2）推动园区转型升级

优化园区布局和功能定位，明确园区的主导产业，推进园区"负面清单"管理，建立产业准入和退出机制，实现错位发展。加快项目引进，强化招商目标责任制，按照筹划一批、报批一批、实施一批、投产一批的"四个一批"要求，做大做强特色产业。健全务实高效的管理机制，推动园区开发经营管理模式市场化。提升基础设施及配套能力、构建投融资体系、强化区域合作、完善基础设施建设、创造优良环境、集中要素资源，推动重点园区率先发展。

（3）强化开放载体建设

优化口岸布局，大力促进铁路口岸建设，积极拓展水运口岸，稳步发展机场口岸，优化设置沿边陆路公路口岸（通道），扩大开放一批第三国人员和货物出入境口岸，促进原二类口岸转新开口岸，形成多层次、多元化的口岸开放体系。加快推进云南瑞丽重点开发开放试验区和云南勐腊（磨憨）重点开发开放试验区建设，加强边（跨）境经济合作区建设，强化综合保税区等海关特殊监管区建设，探索建设沿边自由贸易（试验）园区。加快建设中越河口—老街、积极推动中老磨憨—磨丁、积极启动中缅瑞丽—木姐跨境经济合作区建设。支持有条件的州（市）因地制宜规划设立各类海关特殊监管区，支持有条件的地区研究设立跨境旅游合作区。依托滇中新区等国家级、省级开发区和产业园区，打造一批国别特色园区和省际合作区，积极申报建设国家产业转移示范园区。积极推进沿边自贸区建设，争取建立中老越边境地区扶贫开发合作示范区。将开放载体建成为云南开发开放的重要平台，外向型产业基地前沿。

（三）云南省重点产业技术突破的方向

依托产业技术创新体系，着力关键共性技术、前沿引领技术、现代工程技术、颠覆性技术的创新和突破，集中力量抓好战略性、全局性、前瞻性的重大产业创新项目，提升云南重点产业的核心竞争力和可持续发展能力。

1. 生物医药和大健康产业

加强单抗药的研发力度，先期重点引进生产赫赛汀（注射用曲妥珠）、类克（注射用英夫利西）等治疗乳腺癌、类风湿关节炎、银屑病等单抗药物；研发或引进代谢类疾病疫苗，肿瘤、高血压、糖尿病等治疗性疫苗；研发或引进口蹄疫、霍乱、炭疽、流感、糖尿病、C型肝炎等国外已批准上市或进入临床的新型烟草载体医用疫苗；重组蛋白表达、制备、分离、纯化、复性等系列关键技术的攻关和储备，以及重组蛋白药物研发的项目积累；运用现代生物技术开展中药（民族药）成药性及药理药效研究。针对肿瘤、心脑血管疾病、多发感染性疾病、艾滋病等传染性重大疾病，研究开发中药（民族药）新产品；重点研发以三七、天麻、石斛等大品种，螺旋藻、雨生红球藻、玛咖、辣木及核桃、茶叶、花卉、魔芋、蓝莓等云南特色生物资源为原料的，具有抗氧化、减肥、增强免疫力、辅助改善记忆、养护皮肤等功能的系列保健食品和国产特殊用途化妆品与日用品。

2. **新材料产业**

大力发展锡基、铜基、铝基等基础金属新材料。加快培育钛和钛基新材料、铟和铟基新材料、锗和锗基新材料、稀土新材料等稀有金属新材料；积极发展新一代光电显示材料及器件、红外和紫外探测器材料、新型锂离子电池正负极材料和隔膜材料、铝空气电池等光电子和电池材；重点突破磷化工、石油化工等产业的新材料精深加工技术，加快发展化工新材料；瞄准新材料产业前沿，超前部署石墨烯功能材料、新型电池材料、3D打印材料、氮化镓材料、液态金属材料等前沿新材料的基础研究和产品开发。

3. **先进装备制造业**

加快发展智能化生产线、数字化车间、智能工厂等人机协同的智能制造系统，提升装备制造业自动化智能化水；重点突破新能源汽车和乘用车的核心部件和整车技术；着力提升自动化物流成套设备、轨道交通设备、铁路养护设备、电力和新能源装备、重化矿冶设备、工程机械、农业机械装备、节能环保装备的技术水平和产品特色；着力突破智能制造、网络化协同、大规模个性化定制技术；培育发展工业机器人；提升设计服务能力，推动建设贯穿产业链的研发设计服务体系，加快产品设计、系统设计、工艺流程设计和服务设计。

4. **信息产业**

着力推进云计算、大数据、互联网、物联网、移动互联网等新一代信息技术的应用；加快形成新一代信息技术、信息通信服务、电子信息制造、软件和信息服务、移动互联网和物联网、区域信息内容服务等6大领域的产业发展技术支撑能力；打造人工智能+旅游、人工智能+交通等行业的解决方案；培育在线检测、预测性维护、工业大数据等技术服务；研发导航、雷达、卫星通信等军民融合的无线通信技术。

5. 现代物流产业

加快推进"互联网+"的高效物流，建设物流公共信息平台，实现物流供需精准对接；着力发展物联网等智慧物流技术和装备及现代包装材料和包装装备；重点突破冷链物流的技术和装备。

6. 高原特色现代农业

抓好育种新材料的创制与育种新方法的研究，着力培育一批具有自主知识产权的优良品种，着力突破高效育种技术和良种快繁技术；积极发展绿色栽培技术、有机种植技术和农业污染控制技术；大力发展无公害加工技术、采后处理技术、冷链储运技术；畜禽规模化养殖技术；加快农产品标准化研究；推广应用农产品质量安全可追溯技术和装备；着力加强新品种、新技术、新模式、新机制"四新"协调和良种、良法、良壤、良灌、良制、良机"六良"配套，强化先进适用技术的集成、示范和推广，提高主推品种与技术的覆盖率。

7. 食品与消费品制造业

着力提升制糖、制茶、酿酒、果蔬加工、饮料制造、乳制品制造、烘焙食品制造、食用菌加工、食用油加工、方便休闲食等的技术和装备水平，打好绿色食品健康生态牌；重点发展家电、纺织服装、鞋帽、塑料制品、玩具、五金等出口导向型消费品的绿色制造技术；研制一批特色产品和服务标准，推动特色消费品制造业转型升级。

8. 旅游文化产业

强化云计算、大数据、移动互联网等信息技术对旅游文化产业的支撑，大力发展"互联网+旅游+文化"；完善"一部手机游云南"平台，提升旅游行业管理信息化的技术和装备水平；着力旅游文化产品的数字化技术，推动传统文化、文艺，特别是非遗文化遗产的"数字化工程"，积极发展数字内容产品和服务；促进"设计+""物流+""旅游+""养老+"等跨界融合发展。

三 健全创新平台的管理体制机制

（一）细化平台管理制度

以制度创新为主导，加强区域创新资源的统筹协调，在充分发挥资源优势的基础上，推动创新资源的整合与高效利用，把激发内在活力与培育外部环境有机结合起来，通过不同体制之间的合理衔接与融合延伸产业优势。

紧扣《"十三五"国家科技创新基地与条件保障能力建设专项规划》提出的新方向和新要求，紧扣云南省重点产业的发展和培育需要，对现有的《云南省工程研究中心管理暂行办法》和《云南省工程实验室管理暂行办法》进行适当修订，增加对国家地方联合工程研究中心/工程实验室管理的内容；在此基础上，规范平台建设和发展过程中的各类管理制度，重点制定云南省工程研究中心和工程实验室的考核评价办法、信息报送办法、项目管理办法、成果管理办法和奖励办法等平台管理制度，形成有利于关键技术突破和成果快速转化的政策体系。

（二）建立差别化的管理机制

针对国家级（国家工程实验室和工程研究中心）、国家地方联合（国家地方联合工程研究中心和工程实验室）、省级（云南省工程研究中心和工程实验室）3个层次的产业技术创新平台，在制定相应的管理制度时，应充分考虑其不同的行业属性，制定差别化的分类实施政策，体现政府的产业导向性。加大对优秀平台的宣传推广力度,引导平台提升社会影响力和知名度,被更多部门和企业所了解。从资金与资源多渠道支持创新平台的运营,提升平台的创新条件和产业服务能力。

例如,对于生物医药和大健康产业领域,应提高临床批件、新药证书、生产批件、医疗器械注册、国际专利等在创新平台评价指标中的权重;对于先进装备制造产业领域,除了专利和标准,要把替代进口和首台(套)装备应用纳入评价体系予以重点关注;对于新材料产业领域,需要统筹考虑其对其他产业技术进步的引领性和支撑性作用,提高专利、标准等的产出、新材料技术和产品产业化的应用以及替代进口在评价指标中的比重;对于节能环保产业领域,有必要将技术服务、工程服务和重大应用示范工程纳入评价指标体系,以体现其服务整个经济社会发展中的基础性作用。

(三)优化评估评价体系

评价指标的选择和确定是开展科学评价活动的前提,要以一定的尺度或标准来衡量评价对象。为了保证评价的科学合理性,指标的选取要遵循科学性、可行性、系统性、关联度、战略性及生态性等原则。就政策层面而言,政府需要一套行之有效的评价标准,为其政策制定提供实证依据。政府唯有了解创新主体的创新状态及其优、劣势,才能制定相应的措施,推动创新主体的创新活动达到更高水平。如果只在宏观或中观层面考量创新的测度和分析,而忽视了对微观创新主体的考察,那么所得出的创新政策和创新发展战略难免会出现疏漏和错失,可能会导致政府善意的行为与创新主体的需求不相匹配,由此也难以保证政策的实效性。对于创新主体而言,创新是保证企业在激烈的市场竞争中保持一定市场优势的生命线,是占据市场领导地位的必要保证。政府的角色毕竟只是推动和引导,不能完全代替创新主体去从事具体的创新活动。因此,一方面,政府需要加强对现有创新政策的评估、调整和优化。世界各国目前使用的创新政策工具越来越复杂，倍差法（difference in differences）、倾向得分匹配法（propensity score matching）、微观模拟、成本收益分析法等已不再限于学界，而成为政府创新政策评估的常用方法。[①] 张清辉和赵佳敏（2018）[②] 运用灰色关联度分析方法，从西北地区高技术产业发展的实际进行相关性分析，并运用 DEA 方法测算了 2001 年到 2015 年西北地区高技术产业的技术创新效率。研究如何利用好这些方法和工具也是加强理论和实践的研究。另一方面，创新主体需要自己掌握一把标尺来衡量自身的创新能力，以便适时地调整技术研发方向、加大对创新的投入、提高产品的市场竞争力、延长产品的生命周期、提高企业的运营绩效。

针对云南的情况，需要建立和完善平台的跟踪评估与激励机制。针对产业特点和趋势需求，进行充分的研究并建立科学完善的平台评估体系，尤其是针对平台服务能力、管理体制和运营模式的深入研究，并进一步根据平台运营和发展的需求制定相应的支持举措。平台运行过程中，可引入第三方评估机构，以加强对平台运营管理的监督与评估，从而保障和提升评估体系标准的科学、严谨和合理性。

此次评价采用了统一的指标体系，包括了条件与能力、成果与贡献、创新环境 3 个一级指标，经费投入、装备条件、人才与队伍、平台建设、研究与试验发展活动、创新成果产出、行业贡献、规划与目标、管理运行机制 9 个二级指标，以及 30 个三级指标。根据此次评价评估反馈的意见，有必要对评价指标体系进行适当的调整优化：一是针对不同产业技术领域的具体指标，测算出不同的权重系数，体现行业差别；二是优化增长性指标，不只考核指标的同比增长率，还要有平均增长率。例如，在考核评价期内研究与试验发展经费的年均增长率时，要尊

---

① 陈志：《论创新政策趋势与创新政策 3.0》，《观点》2018 年第 9 期。
② 张清辉和赵佳敏：《基于 DEA 的西北五省高技术产业技术创新效率研究》，《商企管理》2018 年第 6 期。

重经费投入年度波动的客观事实而适当降低分值，并且以上一个评价周期的投入作为基数来计算评价期内的平均增长率；三是增加投入产出效率的指标，特别是增加对财政资金投入效果的评估；四是增加人均投入和人均产出的指标，客观反映平台的研发产出效率和人才使用效率；五是从评价指标设计的导向看，不宜过分注重定量产出而忽视能力提升，要重视长远价值和可持续发展能力，引导创新资源向创新能力强、公益作用大、辐射效果明显的平台聚集，促进工程实验室、工程研究中心与产业之间的协作，避免自我循环、急功近利等短期行为；六是引入相关数据分析模型和统计应用软件，例如 DEA-BCC、DEA-CCR 模型等，避免评价评估过程中过多主观因素的影响。

（四）进一步发挥创新活动的市场导向作用

科技合作的动力源自各方内在的需求，龙头企业的技术需求往往代表整个产业的技术需求，政府的作用日益淡化，使市场配置科技资源的能力日益增强。通过市场配置资源，可以较为客观地反映资源要素的真实价格，避免要素价格严重扭曲的状况，调动各方参与产学研合作的积极性，增强源头技术供给能力。坚持市场导向、保证市场的公平准入、减少行政性垄断，为各种所有制、各种规模、各种技术路线的企业提供公平获得创新资源和参与市场竞争的机会，加大鼓励"用户主导紧密型产学研合作"模式，由企业出题、出资并参与研发，直接产生企业所需要的科研成果。此过程迫切需要科研机构、高校在国家政策的大框架下，大胆破除旧有制度的藩篱，为创新主体和科研团队进入市场提供支撑支持。

四　编制创新体系可持续发展规划

（一）编制平台建设发展的中长期规划

加强对区域科技发展布局的整体考虑，以科技促进区域优势产业发展为主线，对区域科技发展特别是产业技术创新体系建设实行分类指导。站在产业和资源统筹管理的高度加强对产业公共服务平台的统筹规划和建设，防止重复建设现象出现。根据服务平台不同的类型，明确其发展方向，统筹发展规划、合理投资、逐步深入，平衡和整合好现有的平台资源，实现既不浪费资源，又能满足产业和企业需求，促进各产业技术平台的持续健康发展。对跨地区的重点产业、优势产业，省和地方要联合制定发展规划，共同研究提出科技促进重点产业发展的战略、途径和政策措施，推进区域重点产业与优势产业的发展。以加快区域特色产业链和优势特色经济发展为主要目的，促进高新技术与特色支柱产业、战略性新兴产业的有机结合，生产要素的有效整合与优化，发挥高新技术产业和战略性新兴产业对当地经济、社会发展的聚集、示范及带动作用，变资源优势为经济优势，促进循环经济的形成与发展。

基于《云南省"十三五"科学技术发展规划》以及工程研究中心和工程实验室主管部门关于现有的89家产业技术创新平台的发展，编制了《云南省产业技术创新体系提升工程规划（2017—2025年）》等产业技术创新平台的发展规划，进一步明确了今后产业技术创新平台支持的方向和重点，并按照5年1个周期的原则，规范化编制平台建设的发展规划。围绕云南重点产业培育对产业创新能力的重大需求，在整合、优化现有创新平台的基础上，继续新建一批国家级、国家地方联合与省级工程研究（技术）中心、工程实验室、重点实验室、企业技术中心。采用灵活多样的共建、共享、共用模式，统筹规划云南研究实验体系、科技公共服务体系、产业技术创新体系的建设和运行，强化自主创新基础能力对云南经济社会发展的有效支撑。发挥中心城市的科技资源聚集优势，通过整合区域内的科技资源，合作建设工程研究中心和工程实验室，建立科技成果转化基地，逐步形成从基础研究、应用开发到科技成果产业化的科研开发体系。围绕新兴产业培育和发展，鼓励采用省内跨地区、跨行业以及以省内为主、联合省外的模式创建省级工程研究中心和工程实验室。重点营造良好的区域创新环境，加强区域创新服务平台建设，侧重支持技术应用类项。通过各种形式的联合，依靠自主创新培育有竞争力的骨干企业，形成具有研发资源基础和优势的高新技术产业群，带动区域自主创新能力的提高。

(二) 制订平台建设的年度计划

加强区域产业创新能力建设，主要是建立和完善由国家和地方工程研究中心、工程实验室、企业技术中心、公共技术服务平台等创新平台构成的多层次产业创新支撑体系。

根据国家和云南省对平台建设的最新要求以及产业发展新趋势的总需求，平台主管部门应结合行业发展态势，在年末制订下一年度平台建设的年度计划。年度计划应包含平台发展现状、当前存在的问题、下一年度的发展思路和目标、保障措施等内容。在充分利用区位优势的基础上，把国家战略布局与区域合作需求相衔接，将任务落实到年度计划中，并以此推动区域间合作创新，通过强化特定产业研发，构筑区域自身独特的创新优势。

(三) 强化现有平台的运行管理

在此次评价核查的基础上，建立工程研究中心/工程实验室动态管理和阶段评价的常态化机制。对于评价优秀、成果突出、社会影响力大的创新平台，政府应在项目、资金、政策、人才培养等方面加大扶持；对于评价良好但特色不鲜明、显示度不足、开放度不够的创新平台，政府应加强引导，通过组织面向产业发展急需的重大关键技术联合攻关和招标，支持重大工程包研究，使这些平台在承担具体项目中加速发展；对于评价基本合格甚至不合格的创新平台，政府管理部门应给予相应的惩罚性措施，责令整改或取消其工程研究中心/工程实验室的认定资格。

此次评价虽然没有评出不合格的工程研究中心/工程实验室，但对于基本合格的 5 个平台，即三七资源保护与利用国家地方联合工程研究中心（云南）、云南省植物提取物工程研究中心、云南省土地资源利用与保护工程实验室、云南省土壤培肥与污染修复工程实验室和云南省煤基新材料工程实验室，建议政府管理部门针对其研究与试验设备投入低、专职研发人员少、研发投入不足、对外交流和对外服务弱、专利申请量和授权量过低、成果转化滞后、面向行业的人才培养不够等突出问题，提出整改意见并要求其限期完成。

对于因平台主要人员团队变化、依托单位兼并重组、研究方向重大调整等而自动放弃本次评价的 4 个平台，即云南省天然香精香料工程研究中心、云南省天然植物色素工程研究中心、云南省缓释制剂产业化工程研究中心和生物医学动物模型国家地方联合工程研究中心（云南），政府管理部门应当书面责成其对相关情况进行说明并提交整改/调整的报告或申请，而后再根据其报告或申请酌情给予处理。对于无视政府管理部门整改意见的，建议直接撤销其工程研究中心的资格。

对于生物医学动物模型国家地方联合工程研究中心（云南），鉴于其核心研究人员季维智老师的团队已经整体被引入昆明理工大学，建议借助此次评价核查的契机，将该国家地方联合工程研究中心的承担单位由昆明亚灵生物科技有限公司调整为昆明理工大学。

五　优化平台布局，补齐发展短板

（一）服务好云南重点产业培育发展全局

调整产业结构、转型升级和新兴产业培育不能被动地接受和等待外来技术，要结合国情、省情和区域重点产业做大做强的需要，自主把握结构调整的方向与进程，突出集成创新和引进技术消化吸收再创新，并有选择地开展优势和重点学科的原始创新，形成自主知识产权和自我发展能力，引领新兴产业发展，培育新的经济增长点。

面向云南省重点打造"绿色能源"和"绿色食品"的需要，紧扣云南省重点培育发展的生物医药和大健康产业、旅游文化产业、信息产业、物流产业、高原特色现代农业产业、新材料产业、先进装备制造业、食品与消费品制造业8大产业，针对现有89家工程研究中心/工程实验室（包括国家级）的产业分布不均、部分技术链的关键节点缺环严重的情况，进一步补齐工程研究中心/工程实验室在旅游文化产业、信息产业、物流产业、先进装备制造业上的短板，优先支持构建这些领域的创新平台，积极争取省级的招商引资政策、产业扶持政策、人才引进政策、园区发展政策向这些领域的产业技术创新平台聚集。在重点产业园区和创新园区集聚研发机构、创新人才、创业资本、重大成果等创新要素，打造区域创新中心实现检验检测仪器设备、技术和信息协调共享。通过加强国家和地方相关创新平台的优化布局与合作，促进创新资源的高效整合与开放共享，促进区域创新体系与技术创新体系、知识创新体系、国防科技创新体系和科技中介服务体系等建设的相互融合，推进建立区域间的协作创新机制。

同时，高度关注精准扶贫、精准脱贫、易地搬迁扶贫、生态文明建设、国际产能合作、五网基础设施建设等与国家战略和云南经济社会发展高度相关的领域，从建设全面小康社会出发，适时部署新认定的若干工程研究中心，从工程技术、产业技术等层面为这些领域的突破提供智力支撑。

（二）聚焦新材料领域的技术创新

在继续巩固提升新材料领域已有的1个国家工程实验室、5个国家地方联合工程研究中心/工程实验室、12个省级工程研究中心/工程实验室的现有技术优势和产业特色的基础上，把政府推动产业技术创新体系建设的重心进一步聚焦到先进光电子微电子材料、有色金属材料、绿色新能源材料、贵金属新材料、稀土新材料、高性能纤维及复合材料和战略前沿新材料7大领域。

按照产业链纵向上中下游的培育发展和横向外延到其他领域的实际需求，优先支持铝基新材料、贵金属合金材料、稀土新材料、高性能纤维及其复合材料、石墨烯材料、3D打印材料、生物医用材料、新型储能材料、新型半导体材料、超导材料的工程研究中心建设和产业关键技术攻关，大力支持面向行业提供新材料测试公共服务、新产品检测和新材料标准制定研究的工程研究中心建设和大型协作网络构建，把政府项目支持的重点从传统的"采选冶"环节逐步向"新材料制备和产业化应用"环节倾斜。紧扣供给侧结构性改革和产业转型升级以及融合发展需要，加快新材料在绿色、低碳、环保、循环利用等新领域的转化应用，通过市场端逆向创新驱动力，强力推动中游和上游产业的技术进步和跨越发展。

继续加大对贵金属、锗、铟等领域的新产品研发、重大项目产业化、军民融合等方面的支持力度，保持云南在新材料产业的特色优势。同时，从产品生命周期、产业驱动因素、下游应用、市场规模4个维度，对产业关键技术突破和产业培育的方向进行把握：①按照产品的生命周期，轻型合金处于向成熟期推进的阶段，由铝材切入可在短期内实现产业规模化扩张；锂电池正处于迅猛增长的成长期，云南在正极材料和隔膜材料生产、动力电池组装均有相应布局，全国及云南新能源汽车产销量爆发式增长将会带动锂电池需求同步大幅增长。②从驱动要素看，石墨烯、气凝胶等前沿材料是国内相关研发机构的重点研究方向，且基本与国际处于同期研究水平。昆明贵金属研究所和昆明物理所有相应的团队开展石墨烯功能材料的研发，可做好项目对接。在进口替代方面，我国力求通过缩小半导体材料、电子化学品、新型高分子材料等产品与国际技术的差距，以低成本优势争取国内市场空间。消费电子和汽车（包括新能源汽车）行业消费的升级需求对半导体材料、轻型合金、电池材料等有明显的带动效应。国家重点引导新能源汽车相关材料、节能环保材料、军工材料等相关领域的发展，故云南发展铝材和电池材料的方向十分明确，若硅材料能够从光伏应用延伸发展到半导体材料领域，市场空间还可进一步扩大。③从下游应用看，硅片是集成电路产业当前最亟须突破规模生产的重要原料；铝合金在汽车、航空航天、轨道交通、海洋工程等高端装备制造业的应用需求越来越大；新能源汽车目前正迎来爆发式增长，动力电池材料、轻量化材料等都具有巨大的市场空间。④从市场规模与结合国际国内资本投资热点看，铝材和硅材具备支撑云南新材料产业规模做大的基础条件，同时，新能源汽车产业的加速布局也为云南动力电池材料爆发式增长提供了重大机遇。基于上述分析，为了进一步增加产业综合效益、减少市场风险，可从3个方向着力：一是以轻量化材料为重点，加快推进水电铝真正向水电铝材一体化发展坚实迈进；二是吸引集成电路用大硅片生产与制造项目落地，强化相关材料制备和装备制造领域技术突破，拓展云南水电硅材产业链的产品方向；三是基于动力锂电池的爆发式增长机遇，推动电池材料研发和产业跨越发展。

（三）优化调整生物医药和大健康领域的平台布局

医药创新不仅可为经济发展提供长久动力，同时也是解决民生问题的根本要求。纵观全球，具有生命力和竞争力的生物医药产业一定来自健康的、良性循环的创新生态系统。由于医药创新具有周期长、风险高、投资大等特殊属性，政策、能力和投资这3大要素在生态系统中缺一不可，相互作用、相互支撑。其中政策环境是创新生态系统中的核心要素。鼓励创新的政策，能够保证市场机制良好运转，推动资本和能力源源不断地把科技转化为创新产品。从目前情况看，中国需要从三个层次对医药创新进行布局。第一是最高层次，即原始创新，是难度最大、风险最大的创新。原始创新药物是对全新机理或技术平台的发现，往往能够在疾病的现有治疗手段和水平上获得突破。第二个层次为渐进性创新，即紧跟前沿科技进展，针对已知的机理和药物靶点，通过改造药物结构或筛选新分子来获得更优秀的临床效果。原始创新和渐进性创新的药物都属于新分子实体或新生物疗法。第三个层次为精益仿制，即针对专利过期（专利到期）药品实现工艺改善。中国未来需要同时在这3个层次上布局，即通过精益仿制，以更低的成本和环境污染生产出更高质量的仿制药，增加药物可及性；同时聚焦原始创新和渐进性创新，逐步实现从快速跟随变为领跑者，解决中国和全球病患的未满足临床需求。

具体就云南而言，一方面，对现有的1个国家工程研究中心、9个国家地方联合工程研究中心/工程实验室、9个省级工程研究中心/工程实验室进行优化调整提升。其中，对于评价为基本合格的三七资源保护与利用国家地方联合工程研究中心（云南）和云南省植物提取物工程研究中心，如果整改后仍然表现一般，建议取消其工程中心认定，或者将三七资源保护与利用国家地方联合工程研究中心（云南）整合到云南省三七农业工程实验室，将云南省植物提取物工程研究中心与云南省天然活性物质产业化工程研究中心合并。另一方面，选择性地新增基因药物工程研究中心、基因检测技术工程研究中心、重组蛋白药物工程研究中心、植物生物反应器工程研究中心、动物细胞生物反应器工程研究中心、医学影像设备工程研究中心、个性医疗和家庭护理设备工程研究中心等平台，补齐创新链和技术链缺失的环节，培育新的产业增长点。

（四）加大资金投入

建立多元化、多渠道、多层次的产业技术创新体系，建设投融资体制，积极探索政府资金引导、社会资本投入的有效机制。发挥政府性投资的导向作用，加强部门协调配合，按照云南省委、省政府关于培育重点产业和创新驱动战略的有关要求，结合各部门职能，加大省级各类专项资金对产业技术创新平台建设的投入。加强产业技术自主创新能力、基础设施更新和改造、运行经费的统筹协调，形成保障创新能力稳定运行的长效机制。

在贯彻落实好国家推进科技创新的相关财税政策的基础上，进一步制定鼓励和吸引国家产业技术创新体系在云南布局和有利于促进云南产业技术创新体系建设的优惠政策。对体现国家战略目标、经科技部或国家发展改革委认定，并在云南布局的国家级产业技术创新平台的创新能力项目予以资金配套。

推进银政、银企合作，加大信贷对产业技术创新能力建设的支持力度。引导和促进社会团体、企业、个人及国外投资者参与产业技术创新体系的建设。

强化产业技术创新体系建设的投资管理，建立公开透明、科学合理的政府投资项目审理制度，促进建设项目的合理布局、高效运行，切实提高建设资金的使用效益。

六 构建融入数字经济框架的产业技术创新信息化平台

（一）把产业技术创新体系作为数字经济发展的重要支撑

当今世界正在经历一场更大范围、更深层次的科技革命和产业变革，现代信息技术不断取得突破，数字经济蓬勃发展，正在成为继农业经济、工业经济之后的重要经济形态。人工智能、纳米技术、量子计算机等前沿领域的研究不断加速，大数据、云计算、智慧城市无处不在，这些都深刻改变着整个技术链、产业链、价值链的组成和结构，并催生新一轮的产业革命，乃至重构世界政治经济的版图。云南省把发展数字经济、促进"两型三化"提升到了战略层面，但要落实到产业、企业和项目，就必须有产业技术创新体系作为支撑。通过共建国家级联合科研平台，构建技术转移协作网络，形成基于区块链等新技术的创新分工、创新协同与创新协作，打破地理界限和人才瓶颈，最大效率地利用创新资源，促进区域创新一体化发展。

（二）开发全省统一的创新平台信息管理服务系统

进一步适应"互联网+"的发展趋势，按照《国务院办公厅关于印发政务信息系统整合共享实施方案的通知》（国办发〔2017〕39号）的原则，针对工程研究中心和工程实验室建立全省统一的平台信息管理服务系统，实现跨地区、跨层级的信息共享和业务协同，形成全省统一、动态更新、多级联动、权威发布的资料管理和服务体系。充分发挥骨干企业在产业发展中的龙头作用，支持大型骨干企业自办或与高等学校和科研机构联合建设工程实验室、工程研究中心等行业性技术创新平台，支持产学研联合建设科技信息平台、技术标准与检测服务平台、科学仪器共享平台和数据共享平台等基础条件平台，继续鼓励和支持产业技术创新平台间的联合，依托国家和省的科研协作网，实现科技研发设施设备资源的开放共享，提高科技资源的使用效率。

（三）构建开放的平台综合服务网站

整合网站和服务资源，构建集全省89家[①]工程研究中心和工程实验室的综合服务网站，形成内容丰富、功能齐全、及时主动、形象统一的网站门户。重点打造科技动态、产业资讯、平台活动、会议论坛、成果发布、合作交流等对外宣传与交流模块，积极主动将各个平台发展过程中的点点滴滴与社会共享，让社会各界更深入地了解平台的运行。

（四）建设研究成果信息分享发布平台

建设工程研究中心和工程实验室研究成果信息平台，实现研究成果

---

① 说明：包括国家级6家，国家地方联合24家。省级59家。

信息汇交与发布、技术与知识产权交易、适宜技术推广等功能。加强成果数据资源开发利用，积极开展成果信息增值服务，提供符合用户需求的精准科技成果信息。

七 加强产业技术研究成果的转化

（一）积极推动研究成果开放共享

研究制定《云南省工程研究中心和工程实验室研究成果汇交管理办法》，明确成果汇交的范围和管理方式。建设研究成果转化项目库，实施成果在线登记汇交与发布。定期发布研究成果信息，提供研究成果和相关知识产权的信息发布、查询、筛选等公益服务。

深入推进知识产权战略和技术标准战略，鼓励以构建现代产业体系、获取和应用知识产权为自主创新能力建设的目标和价值取向，全面提升知识产权的创造、保护和实施能力。建立和完善知识产权信息平台及应用服务系统和专利预警、维权及援助机制，不断完善知识产权的监管制度。通过建立产业技术自主创新能力，推动重要技术标准的研究制定和优先采用。

（二）建立成果转移转化报告制度

依据国家科技成果年度报告制度的要求，工程研究中心和工程实验室要将年度的科技成果许可、转让、作价投资及推进平台与企业合作、科技成果转移转化的绩效和奖励等情况按期以规定格式报送主管部门。建立大学、科研机构和企业之间的合作与技术转移机制。完善财政支持的科研成果转移管理、知识产权等制度。使工程研究中心、工程实验室、企业技术中心等产业技术创新平台真正成为应用研究成果向工程技术转化的有效渠道；支持和鼓励这些平台，为自主创新成果的应用提供完整的工程化和集成化研究开发服务，完成从科技成果到产业化开发的全部过程。

（三）支持科研人员离岗创业

按照国家的政策措施，建立和完善科研人员在岗兼职、离岗创业和返岗任职制度，对在岗兼职的兼职时间和取酬方式、离岗创业期间和期满后的权利和义务及返岗条件做出规定。鼓励工程研究中心和工程实验室开展科研人员交流，支持本单位的科研人员以在职创业、离岗创业等方式到企业及其他组织从事研究成果的转化活动。

八 探索形成体现增加知识价值的收入分配体系

（一）逐步提高科研人员的收入水平

完善对知识资本和人力资本的激励机制。在保障基本工资水平正常增长的基础上，逐步提高体现科研人员履行岗位职责、承担政府和社会委托任务等的基础性绩效工资水平。从制度安排上科学合理地评价大学和科研机构、科技人才的绩效，从制度上保障创新者获得合理的创新成果收益（包括知识产权权益）。加大对做出突出贡献的科研人员和创新团队的奖励力度，提高科研人员的科技成果转化收益的分享比例。强化绩效评价与考核，使收入分配与考核评价结果挂钩。

（二）发挥财政科研项目资金的激励引导作用

对不同功能和资金来源的科研项目实行分类管理，在绩效评价的基础上，加大对科研人员的绩效激励力度。完善科研项目资金和成果管理制度，对目标明确的应用型科研项目逐步实行合同制管理。对社会科学研究机构和智库，推行政府购买咨询服务和技术服务制度，并纳入横向课题而非纵向课题管理。

（三）鼓励科研人员通过科技成果转化获得合理收入

积极探索通过市场配置资源加快科技成果转化、实现知识价值的有效方式。对于接受企业、其他社会组织委托的横向委托项目，允许项目承担单位和科研人员通过合同约定知识产权的使用权和转化收益，探索赋予科研人员科技成果的所有权或长期使用权。逐步提高稿费和版税等付酬标准，增加科研人员的成果性收入。

（四）支持科研人员面向社会提供科技服务

探索研究成果转移转化的有效机制与模式，鼓励支持科研人员开展研究开发、专利转让、项目对接、咨询评估、培训推广等专业化技术转移服务。鼓励科研人员面向社会和企业开展研究开发、技术咨询与服务、技术培训等横向合作活动，扩大科研团队根据委托协议和研发需要自由使用和支配横向课题经费的权力。

九 强化平台间的研发协同和产业联动

（一）建立产业技术创新平台协会（联盟）

目前，多数产学研合作都是一家企业与高校或科研院所进行研究合作，进而对研究成果进行产业化。事实上，对于整个产业而言，多个企业共同合作投入研发资金与高校或科研院所进行合作更能解决该产业的共性问题，同时也能进一步扩大产业化范围，避免某一家企业垄断技术，更有利于实现整个产业领域的共赢。科技创新联盟就是促进研发协同的一种重要形式。

从有利于产业共性技术突破和成果在行业内扩散的角度出发，建议成立云南省产业技术创新平台协会，按照科技民营非企业机构设立，主要由相关工程中心/工程实验室等产业技术创新平台组成，同时吸收部分基金公司、园区管委会成为会员。协会将面向会员经常性地组织一些学术和技术交流论坛、沙龙、成果发布与推荐活动，动态发布行业发展报告，帮助产业技术创新平台进行成果转化、专利转移、战略研究、政策研究和项目策划等。

同时，在云南省发展改革委和财政厅的总体领导下，围绕云南省重点产业突破发展，如铝基新材料、钛材料、生物技术药等具体领域，有针对性地组织处于产业技术链上中下游的工程研究中心/工程实验室开展全产业链的产业关键技术联合攻关，通过协作，重点突破一批产业重大关键技术，形成一批达到国际先进水平的成果、专利、工艺和产品。

（二）强化协同发展

引导和加强各产业技术创新平台、产业公共服务平台、各机构间的创新资源、服务资源和信息的共享和互联互通，加强平台和机构间的协作，形成集聚水平高、运转高效、持续发展能力强的网络体系，为产业发展搭建一个完善的平台网络，做到资源统筹、功能互补、协同服务，为产业提供高效便利的服务。鼓励技术创新平台与企业、高校、科研机构建立产学研协同创新合作关系，引导创新资源向公共服务平台集聚，提高平台的服务创新能力，鼓励和引导新型合作模式，强化产业链的整合和供应链管理。

（三）扩大对外交流与合作

进一步树立全球战略意识，全面提高对外开放的层次和水平，有效利用国内外科技资源，在积极参与国际、国内经济技术合作与竞争中，推进云南产业技术自主创新能力的建设。同时，积极创造条件，争取承接国际跨国公司研发中心向云南转移，努力提升云南产业技术创新平台对外交流与合作的水平和层次。以多种方式引进或用好海外高层次人才，通过增加人力资本的供给来实现可持续的创新动力。

十 建立有利于创新驱动的宏观环境

在比拼构建云南省重点产业培育、招商引资和产业技术创新体系的硬件条件的同时，软件环境建设也是不容忽视的重要方面。随着全省"十二五"和"十三五"期间的"五网"建设的深入推进，基础设施的瓶颈已经或者正在被打破。这个时候，良好的科研环境和公平的市场环境已经成为抢夺高端人才资源、吸引优质投资企业最重要的"砝码"。只有切实落实中央促进科技改革和创新驱动战略的政策措施，扎实做好基础研究、应用研究和成果转化，营造充分尊重知识、注重科学家的学术氛围和科研环境，大胆突破科研项目管理的"桎梏枷锁"，才能释放出创新活力和创业动力，使科学技术真正成为驱动传统产业升级、新兴产业培育的动力和源泉。

继续坚持和进一步完善"开放、流动、联合、竞争、创新"的运行机制，形成富有生机活力、有利于知识和技术创新、有利于优秀人才脱颖而出的创新环境，在扩大开放与合作过程中实现跨越式发展。

建立以法律形式保障与经济社会发展相适应的国家财政科技投入稳定增长机制。充分发挥政府引导和市场导向作用，鼓励产业技术创新平台联合各类科技中介机构开展多种形式的服务创新。探索建立新型风险投资、企业孵化、成果转化、信用担保等服务体系，大力培育"线上线下"的科技咨询市场和技术成果交易市场，为自主创新能力的建设提供政策咨询，信息、知识产权保护，法律援助、仲裁、评估、培训等专业服务。

培育有利于研发的文化和社会氛围。充分利用各种宣传手段，大力宣传产业技术创新体系建设的重大现实意义，弘扬创新文化，倡导敢为人先、敢冒风险以及勇于竞争、宽容失败的创新精神。营造良好的政策和舆论环境，形成一种鼓励创新、敢冒风险、容忍失败、尊重不同学术意见的环境和弘扬科学精神、树立民族自信心的社会文化氛围，为提升创新体系整体效能形成良好的外部环境。[①] 通过运营微博、微信公众号等，普及科技知识、推广新兴技术、引导产业技术走向，不断扩大单个产业技术平台和产业技术创新体系的社会影响力。

---

① 文丰安：《提高国家创新体系的整体效能》，《学习时报》2018 年 7 月 25 日。

参考文献

陈云、谢科范：《对我国以企业为主体的技术创新体系的基本判断》，《中国科技论坛》2012年第3期。

陈志：《论创新政策趋势与创新政策3.0》，《观点》2018年第9期。

冯昊：《产业创新体系及其政策工具有效供给关系的研究》，博士学位论文，中国人民解放军军事医学科学院，2017年，第23页。

国家发展改革委、科技部、教育部：《国家自主创新基础能力建设"十一五"规划》，2007，http：//www.most.gov.cn/ztzl/gjzctx/ptzckjcx/200802/t20080222_59237.htm。

国务院：《"十二五"国家自主创新能力建设规划》，2013，http：//www.gov.cn/zwgk/2013-05/29/content_2414100.htm。

国务院：《"十三五"国家科技创新规划》，2016，http：//www.gov.cn/zhengce/content/2016-08/08/content_5098072.htm。

国家发展改革委高技术产业司：《国家工程研究中心运行和发展的研究》总报告，2004，https：//www.docin.com/p-1009340159.html。

科技部：《国家中长期科学和技术发展规划纲要（2006-2020）》，2006，http：//www.most.gov.cn/mostinfo/xinxifenlei/gjkjgh/200811/t20081129_65774.htm。

厉以宁：《转变发展方式和新动能的涌现》，《理论导报》2017年第3期。

柳卸林、张爱国：《自主创新、非技术创新与产业创新体系》，《创新科技》2007年第6期。

刘志春：《国家创新体系概念、构成及我国建设现状和重点研究》，《科技管理研究》2010年第15期。

刘友金、周健：《"换道超车"：新时代经济高质量发展路径创新》，《湖南科技大学学报》（社会科学版）2018年第1期。

李庆东：《技术创新能力评价指标体系与评价方法研究》，《现代情报》2005年第9期。

李新宁：《创新价值链构建的战略路径与发展逻辑》，《技术经济与管理研究》2018年第1期。

宋阳：《国家工程研究中心已成为产业技术创新重要生力军》，《中国经济导报》2012年11月15日，第T02版。

孙黎、李翔宇：《"一带一路"与西部大开发协同发展背景下中国西部地区经济发展的SWOT分析》，《经济视角》2017年第5期。

汪樟发、汪涛、王毅：《国家工程研究中心政策的历史演进及协调状况研究》，《科学学研究》2010年第5期。

王松、胡树华、牟仁艳：《区域创新体系理论溯源与框架》，《科学学研究》2013年第3期。

魏江：《产业集群-创新系统与技术学习》，科学出版社，2003。

文丰安：《提高国家创新体系的整体效能》，《学习时报》2018年7月25日，第006版。

吴贵生、王瑛、王毅：《政府在区域技术创新体系建设中的作用——以北京区域技术创新体系为例》，《中国科技论坛》2002年第1期。

徐宁：《以系统思维构建新时代技术创新体系》，《经济日报》2018年7月26日，第016版。

杨舒：《科技创新驱动中国巨轮》，《光明日报》2017年10月09日，第01版。

张江雪：《找寻高技术产业自主创新模式发展的新空间》，《中国科技财务》2010年第7期。

杨春平、刘则渊：《技术创新——国家创新体系的核心》，《科技管理研究》2006年第4期

杨琦、张洪波、郭新榜：《沿边开放主动融入"一带一路"倡议研究——以云南为例》，《学术探索》2017年第7期。

颜廷标：《区域特质视角下的创新驱动发展路径选择——以河北省为例》，《经济论坛》2018年第7期。

张清辉、赵佳敏：《基于DEA的西北五省高技术产业技术创新效率研究》，《商企管理》2018年第6期。

周琼琼：《国家工程技术研究中心技术创新能力指数研究与实证分析》，《科技进步于对策》2015年第1期。

附　录

一　与构建产业技术创新体系相关的几个主要概念

— 创新驱动。创新投入是创新过程中的资金和人员的投入，是创新实施的基础。技术创新（产品和流程创新）的投入主要是 R&D 投入和部分与技术创新相关的非 R&D 投入。非技术创新（营销和组织创新）的投入主要是市场研究、开发和实践新的营销方式以及新组织方式的开发和规划实施的资金和人员的投入。

— 创新成果。创新成果分为两部分，一是创新的直接成果，有产品创新、过程和方法创新、营销创新和组织创新等；二是最终成果，包括利润、收益率、市场份额、综合竞争力、资本市值、员工积极性等。

— 技术创新。普遍认同的概念是指以市场为导向，以提高竞争力为目的，从新产品、新工艺、新设想的产生，经过技术获取（研究开发，引进技术和消化吸收）、工程化、产业化到现实市场营销的一系列活动的全过程。

— 创新实现。R&D 成果变为新产品以后，技术创新并没有结束，还存在一个非常重要而又常常被人们忽视的创新实现环节，即新产品销售与售后服务，这一环节将由创新主体的创新实现系统承担。

— 创新管理。主要任务是对技术创新活动进行决策、计划、组织、控制和协调。涉及整个创新主体的决策、计划、生产、销售、技术、人事等各个环节。

二 工程研究中心申请报告提纲（范例）

一、摘要（2500字左右）

二、建设背景及必要性

1. 本领域在国民经济建设中的地位与作用

2. 国内外技术和产业发展状况、趋势与市场分析

3. 本领域当前急待解决的关键技术问题

4. 本领域成果转化与产业化存在的主要问题及原因

5. 建设工程中心的意义与作用

三、申报单位概况和建设条件

1. 申报单位及主要发起单位的概况

2. 拟工程化、产业化的重要科研成果及其水平

3. 与工程中心建设相关的现有基础条件

四、主要任务与目标

1. 工程中心的主要发展方向

2. 工程中心的主要任务

3. 工程中心的发展战略与经营思路

4. 工程中心的预备期和中长期目标

五、管理与运行机制

1. 工程中心的机构设置与职责

2. 工程中心的运行机制

六、经济和社会效益的初步分析

1. 经济效益

2. 社会效益

3. 生态效益分析

七、其他需要说明的问题

八、附件

三 工程研究中心创新能力建设项目申请报告提纲（范例）

一、项目摘要

1.1 工程研究中心名称

1.2 工程研究中心法人概况

1.3 项目方案编制依据

1.4 工程研究中心提出的主要理由

1.5 工程研究中心的发展战略与经营计划

1.6 工程研究中心的建设内容、规模、方案和地点

1.7 工程研究中心的主要建设条件

1.8 工程研究中心建设取得的成绩

1.9 项目总投资、投资构成及资金筹措方案

1.10 结论与建议

二、项目建设的依据、背景和意义

2.1 项目建设的依据

2.2 项目建设的背景

2.3 项目建设的意义

三、主要方向、任务与目标

3.1 发展战略与经营思路

3.2 主要发展方向

3.3 主要任务

3.4 工程研究中心的目标

四、建设方案

4.1 建设内容、规模、地点与环境

4.2 技术方案、设备方案和工程方案及其合理性

4.3 总图布置与公用辅助工程

4.4 项目总投资及资金筹措

五、组织机构、管理与运行机制

5.1 项目承担单位及参加单位的概况

5.2 工程研究中心的机构设置与职责

5.3 主要技术带头人和技术团队的情况及管理人员概况

5.4 运行和管理机制

六、工程研究中心的发展现状

6.1 研发、工程化和试验验证条件的建设情况

6.2 现有技术、设备和工程状况

6.3 原材料、动力等配套及外部协作条件

6.4 主要技术和工艺设计方案

七、土地利用、能源消耗及环境保护

7.1 土地利用

7.2 能源消耗

7.3 环境保护

八、劳动安全、卫生与消防

8.1 劳动安全与卫生

8.2 消防

九、项目实施进度与管理

9.1 建设工期

9.2 项目实施进度安排

9.3 建设期的项目管理

9.4 项目招标方式与招标内容

十、投资估算、资金筹措方案及财务分析

10.1 投资估算

10.2　资金筹措

10.3　资金运用计划

10.4　财务评价

十一、项目经济和社会效益分析

11.1　经济效益分析

11.2　社会效益分析

十二、项目风险分析

12.1　技术风险

12.2　技术应用及市场风险

12.3　管理和运营风险

12.4　其他风险

四　工程研究中心章程（范例）

第一章　总则

第一条　本着推动XX行业技术进步，为云南省XX研究院的发展提供技术支持的原则，充分发挥其在XX领域的研究开发和科技成果转化方面的作用，特成立此工程研究中心。

第二条　工程研究中心的工作目标是通过技术创新，增强产品的市场竞争能力和持续发展能力，强调市场意识、整体意识、效益意识和创新意识。

第三条　云南省XXX研究院是工程研究中心的依托单位，技术开发的经费由依托单位提供并主要服务于研究院的技术进步及该行业技术水平的提高，有条件时还可承担国家、行业、地方和其他企业的研究项目和工程性项目，开展技术开发、技术咨询、技术转让、技术服务等活动，以拓宽资金渠道，增加研发收入，提高研发水平。

第四条　为了规范与促进工程研究中心的建设、运作与发展，充分发挥工程研究中心的作用，特制定本章程。

第二章　中心职能

第五条　参与制定企业交通行业的技术发展战略和技术创新以及交通运输行业云南省地方标准的制定、技术改造、技术引进、技术开发规划和计划。

第六条　组织和运用行业内的国内外技术信息，广泛开展技术交流，与高等院校、研究院开展产学研结合工作，并建立长期稳定的合作研发关系。

第七条　收集分析与本行业有关的市场信息，研究行业产品技术的发展动态，为企业的产品开发和技术发展决策提供咨询意见和建议。

第八条　创造良好的研发条件、工作条件和学术氛围，建立有效的人才激励机制，保证现有的技术人员留得住、用得好，组织好在职科技人员的培训、"充电"和知识优化，为行业培养高素质的技术和管理人才。

第九条　积极开展技术经营与服务，推动科技成果的移植、转化与产业化，以此产生的效益为技术开发提供资金支持，走工程中心依托企业、自我生存、自我发展的道路。

第十条　对具有重要应用前景的科研成果进行系统化、配套化和工程化研究开发，不断推出具有高增值效益的系列新产品、新工艺和新技术，推动相关行业与领域的科技进步和新兴产业的发展。

第三章　工程研究中心的组织机构及聘用人员制度

第十一条　工程研究中心是以技术开发为主，兼具技术管理和应用职能的机构。

第十二条　工程研究中心实行主任负责制，主任由依托单位的院务办以民主方式组织选拔与任命。

第十三条　工程研究中心下设技术专家委员会、行政办公室、财务部、质量管理部、物联网应用平台、大数据研究与应用平台、安全应急保障平台、交通运输信息服务平台。

第十四条　聘用人员素质与要求：

（一）能掌握和应用国家的有关政策和法令；

（二）对 XXX 行业的现状和发展方向有正确的了解，协助依托单位就生产、技术、管理等薄弱环节提出解决问题的办法；

（三）精通本专业的技术知识，能解决生产中的技术问题；

（四）善于收集与运用国内外新产品、新材料、新工艺、新技术、新设备，以适应企业技术改造和产品开发的需要，有开创一流产品的胆识和勇气；

（五）工作中有效益观念，各项工作能从最佳效益考虑；

（六）熟悉或精通本职业务，并能与同事和相关部门密切配合；

（七）具有一定的管理能力；

（八）外聘人员可以是高、中级专业技术人员，也可以是退休的专家，但必须是能解决该领域技术问题的专家和具有战略决策能力的专家。

第十五条　聘用人员时的互补原则

（一）专业结构合理，达到专业之间的互相补充；

（二）层次间互补、高级、中级、初级的比例合理；

（三）不同年龄的区间互补，老科技专家与中青年科技人员相结合，以体力、智力、创造力最旺盛的中青年科技人员为主。

第十六条　对聘用人员的管理与使用

（一）工程研究中心聘用的部分松散人员在项目完成之后可以流动；

（二）有项目时，工程研究中心选择合适的聘用人员组成项目组，完成项目实施任务，依托单位的任何部门不得阻止，必须积极配合与支持。

第四章　运行管理

第十七条　工程研究中心原则上按照现代企业制度运行和管理，健全人事、财务、分配和考核等方面的管理制度，充分发挥市场机制作用，通过其自身面向社会承接工程化研究开发任务和实行有偿服务取得经济收益，并主要用于自身的事业发展。

第十八条 工程研究中心与依托单位的隶属关系不变，相对独立，经济上实行单独核算。

第十九条 工程研究中心实行主任负责制。主任由依托单位确定，每届任期两年，可连选连任。

第二十条 工程研究中心原则上设立由依托单位及有关合作成员单位、依托单位主管部门或行业主管部门共同组成的管理委员会，具体负责制定发展规划计划、监督和审查财务预决算、协调成员单位及相关合作单位间的关系。

第二十一条 工程研究中心设立由依托单位和XX行业专家组成的技术委员会，主要负责对工程研究中心的研究开发方向、发展规划等提供技术咨询并对中心主任负责，技术委员会主任由工程研究中心主任聘任。

第二十二条 工程研究中心应注重形象塑造和对外宣传，规章制度、组织结构及其负责人简介等要对外公开，取得的科技成果要以工程研究中心与依托单位的名义联合署名；对外公开事务、发布信息。

1. 依托单位应鼓励和支持工程研究中心承担科技攻关、产业化和成果推广等科技计划项目；

2. 对工程研究中心引进的高层次人才申报的市、省、国家级科技计划项目，优先予以立项支持；

3. 工程研究中心开展对外科技合作。

第五章　附则

第二十四条 本办法未尽的管理事项，参照相关管理办法执行。

第二十五条 本办法自颁布之日起施行。

第二十六条 本办法解释权属云南省XXX工程研究中心所有。

云南省XXX工程研究中心

图书在版编目（CIP）数据

基于量化评价的产业技术创新体系研究：以云南为例/许传坤著.--北京：社会科学文献出版社，2021.5
（云南省哲学社会科学创新团队成果文库）
ISBN 978－7－5201－6090－2

Ⅰ.①基… Ⅱ.①许… Ⅲ.①产业经济－技术革新－研究－云南 Ⅳ.①F127.74

中国版本图书馆 CIP 数据核字（2020）第 026158 号

·云南省哲学社会科学创新团队成果文库·

基于量化评价的产业技术创新体系研究
——以云南为例

著　　者 / 许传坤

出 版 人 / 王利民
责任编辑 / 范　迎

出　　版 / 社会科学文献出版社·人文分社（010）59367215
　　　　　 地址：北京市北三环中路甲 29 号院华龙大厦　邮编：100029
　　　　　 网址：www.ssap.com.cn
发　　行 / 市场营销中心（010）59367081　59367083
印　　装 / 北京玺诚印务有限公司

规　　格 / 开　本：787mm × 1092mm　1/16
　　　　　 印　张：12.5　字　数：170 千字
版　　次 / 2021 年 5 月第 1 版　2021 年 5 月第 1 次印刷
书　　号 / ISBN 978－7－5201－6090－2
定　　价 / 128.00 元

本书如有印装质量问题，请与读者服务中心（010－59367028）联系

版权所有 翻印必究